土地評価 現地リポート

減価要因発見!

リアルな
土地評価の流れと
各種減価要因の
考え方がわかる

税理士・一級建築士 下坂 泰弘

税務経理協会

はじめに

　本書を執筆した税理士で一級建築士の下坂です。といいましても，筆者自身，税理士業界で有名なわけでもなく，読者から見れば詳しくもない人間が偉そうに書いていると思われるかもしれません。そこで，初めに筆者のプロフィールと土地評価に対する思いを述べたいと思います。

　筆者はもともと税務の世界の人間ではなく，ハウスメーカーの営業をしており，特に地主の資産活用の案件を多く手掛けていました。その頃，地主から「相続税の土地の評価額が売却価格より高い」など，土地評価に関する不満が耳に入ってきてはいたのですが，当時は税務のことには興味がなく，「大変ですね」と話を聞くだけでした。ところが，ある相続専門の税理士でいずれ恩師となる先生から，土地の評価は減価要因の適用漏れが多く，納税者が多すぎる相続税を納めていること，減価要因を見極めるには，不動産や建築の知識が不可欠で，多くの税理士が苦手としていることなどを教わり，土地の評価に興味を持ちました。

　また，その頃は，土地の評価差額による相続税の還付請求ビジネスが増加しはじめた時期でもあり，実際に筆者のクライアントの地主にも受けてもらったところ，数千万円の過剰納税がわかり還付を受けました。そんなことを目の当たりにし，また，実際の土地の評価の手順を見ている中で，これは税理士ではなく不動産の専門家がやるべき内容だなと強く思いました。そして，過剰納税をなくしたいという思いから税務の世界に飛び込んだのです。

　開業してからも，相続税申告と他の税理士の土地評価依頼を中心に業務を行っています。いざ税理士になると，土地の評価は不動産の知識だけでなく，評価通達の解釈や過去の裁決内容の理解も大変大切であることがわかりました。筆者自身は実務屋ですから，評価通達等に関するセミナーに多く参加し，土地評価の著名な先生方から多くを学ぶようにしました。

ところがです。通達等の解釈のセミナーは多数ありますが，実際の実務に関するセミナーはほとんどありません。筆者は恩師から実務を教わり，それを自分なりにアレンジしながら現在に至っていますが，おそらく一般の税理士は通達等の内容は理解したものの，実際の調査方法や，どのように評価に反映させていけばよいかがわからないときがあるのではないでしょうか。結果，折角使える規定が適用されずに，高い土地評価額になり過剰納税になっている実態があるように思います。

　そこで，本書は，筆者が実際に評価した土地を通じ，実務として難しかったもの，レアなもの，通達には規定が存在しないが価額に影響があるものをランダムに紹介し，調査のポイント，現地確認のポイントをまとめ，読者である税理士の方々が評価をする際の参考となるよう執筆をしました。筆者は，読者の皆さんが減価要因の適用漏れのない土地評価ができるようになり，納税者が正しい税額で相続できることを強く願っています。

　なお，本書は「税経通信」2018年12月号〜2020年2月号において掲載された同名の連載をまとめたものです。それぞれのリポートを通じ，本当に現地に赴いて調査しているような感覚を味わってもらえればと思います。

2020年10月

下坂　泰弘

Contents

おわりに

第 1 部

土地評価の
基本実務の流れ

実際の事例に入る前に，土地評価において基本的にどういうことを行わなければならないかを挙げていきたいと思います。流れは以下の順です。

1　評価する土地を確認する
2　法務局を調査する
3　役所等を調査する
4　概ねの現地の図面を作成する
5　現地を確認，測量する
6　概ねの図面を正しい評価図面に修正する
7　図面に基づき評価明細を作成する
8　添付書面の文章を作成する

1　評価する土地を確認する

まずは固定資産税課で名寄せを取得します。この際の注意点として，共有のものも必ず依頼することです。よく固定資産税の課税明細で評価対象地を確認する人がいますが，課税明細には固定資産税が非課税の土地（私道などは相続税では課税されますが固定資産税は非課税になっているものが多いです）は載っていません。共有の土地にはこのように固定資産税が非課税のものが多いので要注意です。また，先代名義のままになっている土地がある場合はその名寄せも必要となります。

名寄せで地番を確認したら，住宅地図で場所を確認します。相続人から場所を教わっているときは簡単な作業ですが，遠方など相続人が知らないときは，だいたいの場所の目星をつけ，法務局で公図を取得してから場所を確定させます。

住宅地図を確認したら，その場所の路線価図や倍率表を用意します。路線価に接していない土地がある場合には，法務局で調べる範囲が変わってきます。

また，評価対象地が複数ある場合には，この時点でナンバリングをします。

○○番○○の土地として地番で作業を進めるのは煩雑になるので，必ずNo.○の土地としてすべての作業をするのがよいでしょう。

2　法務局を調査する

法務局で行うことは主に次の5つです。

⑴ 全部事項証明書の取得

すべての評価対象地の全部事項証明書を取得します。また，その評価対象地の上に建物がある場合には，被相続人名義やそれ以外のものも含め，すべての建物の全部事項証明を取得します。

⑵ 公図の取得

すべての地番が入るように公図を取得します。この時の注意として，評価対象地が公図の端に来ないように取得します。なぜならば，隣地の確認が必要となるケースがあるからです。また，評価対象地の地番の横が空白（公図境の場合）のケースがあります。この場合はその横の公図も取得します。空白の側が道路だと思っていても，間に他人名義の土地が存在するときもあります。

⑶ 地積測量図の取得

公図を取得したら，評価対象地の地積測量図を取得します。評価対象地に地積測量図がない場合には，隣接するすべての土地の地積測量図がないか確認し，ある場合には取得をします。

⑷ 建物図面の取得

次に建物図面が必要な場合には建物図面を取得します。評価対象地に測量図がない場合や，複数の建物があり評価単位を分ける場合には必ず必要となります。

⑸ 隣地の土地要約書の取得

最後に隣地確認が必要な場合には隣地の土地要約書を取得します。公図のところで触れたように，道路との間に地番があるときは，必ず取得し所有者を確認するようにしましょう。

この他にも調整区域の宅地を評価するときは，旧土地謄本や旧土地台帳を取得しなければなりません。

3 役所等を調査する

役所等と書いたのは，市町村によって調査に行く場所が変わるからです。例えば東

京23区でしたら，区役所でほとんど調べられます。ところが横浜市では，市役所のほか各区の土木事務所に行く必要があります。また，合同庁舎に行かなければならない時もあります。

調べるのは主に次の事項です。

(1)　都市計画課

評価対象地の都市計画を確認します。用途地域，建ぺい率，容積率，都市計画の有無，その他の規制をすべて確認します。この際，地図上だけで確認せずに，必ず担当に直接なにか規制がないか確認した方がよいです。

(2)　建築指導課

評価対象地に接道している道路の建築基準法上の取扱いを確認します。また，建物が建っている場合には建築概要書の取得をします。道路が位置指定道路（注）の場合には，位置指定図の入手なども行います。

（注）　建築基準法42条1項5号道路で私道に多い。

(3)　道路管理課

評価対象地に接する道路，河川等の境界査定図を入手します。区，市，町で管理しているものはその役所で入手できますが，国道，県道になるとその役所で入手できず，土木事務所に行く必要も有ります。入手の際には図面入力が正確にできるように座標データをもらうようにします。

(4)　生涯学習課

埋蔵包蔵地の確認をします。評価対象地が埋蔵包蔵地に含まれていたら，その包蔵地内の本掘の事例を確認します。本掘事例が多ければどういう時に本掘になるかを聞き，評価に影響が出るか出ないか判断します。

(5)　そ　の　他

2017年までは広大地評価をする場合には，必ず開発指導課に行き，近隣の開発事例を調べていましたが，2018年からその必要がなくなりました。そうはいっても評価対象地が従前に開発許可を受けているならば，開発登録簿の取得はするべきです。

また，山林を評価するときは保安林の確認，農地を評価するときは農業振興地域の確認や小作権の確認，調整区域の宅地を評価するときは46年証明の発行など，役所で調べなくてはならないことはたくさんあります。

　上記の法務局，役所での調査ポイントは，評価対象地に係る資料で入手ができるものはすべて入手をすることです。

4 概ねの現地の図面を作成する

　法務局，役所の調査が終わったら，評価対象地の現地を見る前に，出来る範囲で土地平面図を作成します。例えば，評価対象地に地積測量図があればその図面をCADに入力し，合わせて接道している道路を道路境界査定図でCADに入力します。

　評価対象地に地積測量図がない場合でも，隣地の測量図を入力して，概ね正確な平面図を作成します。評価対象地にも隣地にも測量図がない場合には，概ね公図の形に合わせて入力をします。これらの作業を事前に済ませておくと，現地確認の際に測らなくてはならないポイントが明確になり，作業がとても楽になります。

　また，建物図面がある場合にはあらかじめ平面図に建物も入力しておきましょう。評価対象地に測量図がない場合には，建物から境界までの距離を測ることにより，概ね正確な地形を求めることができます。また，評価対象地に複数の建物がある場合には，区分がしやすくなります。

5 現地を確認，測量する

　上記4の平面図を基に現地確認をしていきます。測量図があり境界の辺長等が分かっているところは間違いがないかの確認，辺長がわかっていないところは正確に測っていきます。また，道路幅員も道路境界査定図通りで間違いがないか確認します。道路境界査定図が古い場合には，現地がその後に拡幅している場合もあるので要注意です。また，評価対象地の一部分が公衆用道路に提供されている場合もあるので，これらも見落とさないようにします。

　土地の辺長，形，道路等の平面的な確認の次に，現地でなければわからない減価要因を探していきます。「道路との高低差」，「敷地内の崖地」，「高圧線の有無」，「隣接地の墓地」，「庭内神祠の有無」など通達の減価要因で適用できるものを見つけていき

ます。

　また，造成費の計上が必要な土地は，高低差の確認もします。できればレベルという測量機器で正確に高低差が取れればベストです（58，112頁参照）。人間の目で平らに見えていても測ると高低差があることは多いです。2018年から広大地の評価がなくなり，宅地比準方式で評価する「地積規模の大きな宅地の評価」においては，いかに正確に造成費を計上できるかも大きなポイントになるでしょう。

6　概ねの図面を正しい評価図面に修正する

　現地確認が終わったら，正しい評価用の図面（間口奥行を記載した平面図，陰地割合を算出した陰地割合図）を作成します。測量図がある場合にはそのまま問題なく作業に入れます。問題は，測量図がない土地です。まず，現地通りに平面図を作成します。この際，縄伸び縄縮み[注]がある場合にはそれが概ね判明します。縄縮みの場合には立証できるか検討し，小さい地積で評価ができるように努めます。縄伸びの場合にも原則は現況の地積での評価となりますが，境界が未確定なことを踏まえ，公簿の地積による評価の方が妥当ではないか検討する必要があります。

　（注）　全部事項証明書に記載されている公簿の地積より大きいものが縄伸び，小さいものが
　　　　　縄縮みです。

　次に平面図にその他の減価要因を明示していきます。セットバックがある場合には道路中心線から2mの位置を入力し求積します。高低差がある場合には，擁壁を入力したり，高さも明示します。傾斜地の造成費を計上する場合には土地の断面図も入力するとよいでしょう。

　図面を作成するポイントは，減価要因を誰が見てもわかりやすくすることです。評価内容がわかりやすければ土地評価における税務調査リスクはほとんどなくなります。

7　図面に基づき評価明細を作成する

　上記6の図面に基づき，評価明細書を作成します。この作業は図面の数値を正確に入れることのみなので，ほとんど考える必要はない作業です。

　ひとつだけ，私が注意している点は，評価明細書（第1表）の地形図及び参考事項

の欄です。私の場合は図面を必ず添付しているので，ここには「被相続人の自宅の敷地」「貸駐車場の敷地」など，その土地がどんな土地なのかをすぐわかるように記載し，次にどの減価要因を適用しているかを記載しています。こうすることで，税務署の担当が一目で評価内容がわかるようにすることができます。

8 添付書面の文章を作成する

　最後に評価の内容を説明する文章を作成します。かなり長い文になりますので33条の2の書類とは別にまとめ，33条の2の書類には，土地については別紙記載と記入するのがよいでしょう。

　まず，評価対象地を区分して評価した場合には区分の根拠を記載します。当然ですが区分は通達通りにしているわけですから「記載しなくても通達通りだからわかるだろう」ではなく，きちんと説明をすべきです。

　次にそれぞれの評価の適用した減価要因，適用した補正率，その根拠の数値（例えば陰地割合が○○％）等を記載します。

　ほとんど適用がない珍しい減価要因（埋蔵包蔵地の発掘費用等）を適用した場合には，どこで調べてきたのか，なぜその面積を適用したのか等，細かい説明も必要となります。

　とにかく気を付けることは，申告書の提出を受けた税務署がわかりやすいようにすることです。以前，資産課税のベテランの方の講義を受けたときに，土地の評価内容がきちんとわかる申告書は，その他の内容も適正にできていることが多く，「調査率が低い」と説明していました。つまり，初めに目を通す土地評価で好印象を与えれば調査の確率も減るという訳です。

第 **2** 部

土地評価
現地リポート

REPORT 1

公衆用道路に提供されている土地

1　案件の概要

　紹介する土地は，市街化区域にある畑です。

　まず，住宅地図で場所，路線価図で路線価を確認します。住宅地図を見ると，東側と北側に道路のあるほとんど整形の畑です。名寄せで地積を確認すると，5筆（601番2，602番2，631番2，632番4，633番2）で合計747.00㎡あります。路線価図では北側道路には路線価がなく東側道路にしか付いていないことがわかりました。

【住宅地図】

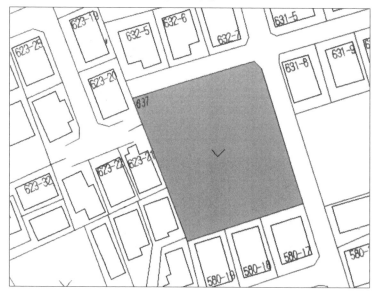

【路線価図】

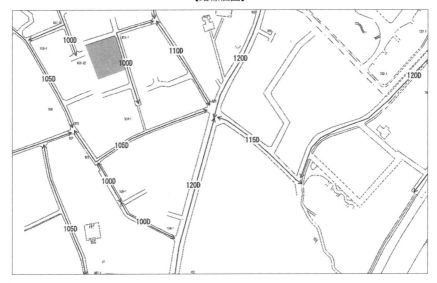

2 法務局での調査

　以上の予備知識をもって，まず法務局の調査に入ります。まず，お決まりですが土地の全部事項証明書と公図を取得します。その次に，当該地の5筆の地積測量図がないか確認します。今回は，残念ですが当該地の地積測量図は存在しませんでした。ということで，接しているすべての隣地の測量図を確認していきます。隣地の測量図を確認したところ，東側の各筆を除いて，南側，西側，北側の地積測量図はありました。

　後は，東側道路に地番が付いているので，所有者の確認のため土地要約書を取得します。明らかに道路の土地に地番が付いているときは，所有者が国や市の場合もありますし，個人が所有している場合もあるので必ず確認をします。今回は○○市の所有とわかりました。

　さて，この時点で公図を見たところで，あることに気付いてください。

　南側の隣地の580番17の東側道路580番1と，当該地の東側道路にずれがあることです。同じ視点で見ていくと，当該地の東側の道路の反対側でも631番14の道路と601番1にずれがあります。公図で600分の1の縮尺のものは，必ずしも正確な地形となっているわけではありませんが，土地の境界などは正確（たまには例外もあり）になっています。

　道路側に細い筆があってずれが生じる場合は，2つのケースがあります。1つはその道が建築基準法42条2項道路でセットバックによって下がったこと，もう1つは開発許可を受け，開発基準の道路幅員に足りないところが下がっている場合で，このケースは，元の道路の建築基準法の扱いは一定ではありません。今回もこのどちらかと想定できます。

3 市役所での調査

　法務局が終わったら，市役所に行きます。都市計画課で用途地域が第一種中高層住居専用地域，建ぺい率60％，容積率200％，その他評価に関係するような規制はなし，と基本の確認を必ずします。次に建築指導課に行きます。北側道路は建築基準法の1項2号道路で開発許可により造られた道路でした。北側は開発分譲地だったわけですね。東側道路は建築基準法の1項5号道路でした。1項5号道路？　とここで思ってください。建築基準法の1項5号道路は位置指定道路といわれていて，通常は個人の敷地の中に建物を複数建てる場合に作ることが多い道路です。でも土地の所有者は○○市だったよな？　ウーン，なんでだろう？　と思いつつ，ここで忘れてはならないのが位置指定道路の調書の取得です。位置指定道路の場合，必ず建築指導課にどの位置にどの幅で道路ができているかわかる調書がありますのでそれを入手します。

　調書を見ると道路の幅は4.5mで，今回評価する土地の上に位置指定道路がかかっているではないですか！　法務局で予想していたのと全然違ったな，そんなことを思いながら○○市の市有地との境界確定図（道路査定図は1項5号道路なのでなし）の入手に行きます。境界確定図を見ると，601番3，631番3，633番3の土地の幅は明記はしていませんが，その縮尺から1.82m（6尺）に見えました。後はお決まりの埋蔵包蔵地の確認をして（今回は該当なし），市役所の調査はおしまいです。

【位置指定道路調書①】

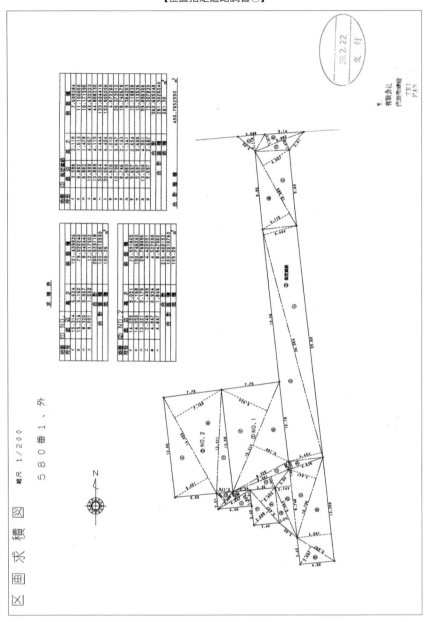

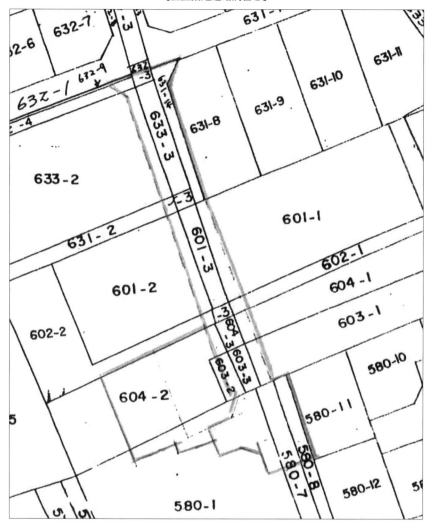

4 概ねの現地の図面の作成

　次に，調査前の土地平面図を起こしていきます。今回は北，西，南の三方向が隣地測量図で確定していますから，ほとんど正確な図面になり，求積した結果，公簿の地積より約94㎡の縄伸びが想定されました。また，その作図から恐らく50㎡ぐらいは公衆用道路の一部となっていることが予測できました。

【現地調査前平面図】

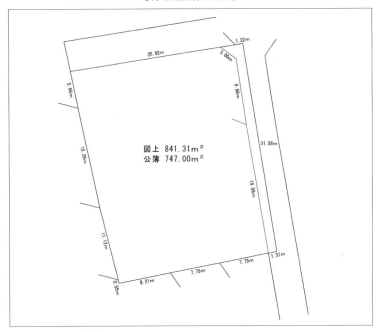

図上　841.31m²
公簿　747.00m²

5　現地調査

　ここまで行えば現地確認は簡単です。まず,本当に道路提供しているか確認します。すると事前に作成した図面通りの場所で,道路の真ん中に杭があり,その杭が○○市との境界とわかりました。後は図面と現地の差異がないかの確認です。これもほとんどないことがわかり,縄伸びは確定です。現地確認後の修正した図面は地積841.35㎡(このうち道路で非課税となるのが47.97㎡)で,今回はこの土地の売却予定もあることから,この地積での申告となりました。

【完成平面図】

土地平面図（No.4）

所　在	○○市○○601番2、602番2、631番2、632番4、633番2

4 －B

2.12m 1.47m

2.12m

3.01m

23.59m

5.61m

9.96m

4 －A

15.28m

31.58m

11.12m

19.53m

0.55m

8.21m

7.76m

7.73m

1.28m

間口　　31.61m　　（2.12m＋9.96m＋19.53m＝31.61m）

奥行　　25.09m　　（793.38㎡÷31.61m＝25.09m＜25.70m）

地目等	符　号	面　積
畑	4 －A	793.38㎡
公衆用道路	4 －B	47.97㎡
合　計		841.35㎡

縮尺　　1/300

6 評価額の算出

評価額の計算は下記のとおりです。

> 100,000×0.97（奥行価格補正）×0.78（地積規模の大きな宅地）
> ×793.38㎡－555,366円（整地費）＝59,471,764円

今回のポイントは，位置指定道路の調書を入手したこと，事前に図面を作成したことにより，道路提供が確実であると予測できたことになります。

なお，今回は道路提供部分47.97㎡を除いた地積が公簿の地積より大きかったため，恐らく，道路提供分を見抜けず，縄伸びも把握できず公簿の地積747.00㎡で評価した方が評価額は安く算出できるとは思います。しかし先々のことを考えると，売却時には修正申告が必要となりますので，結果的には納税者に迷惑をかけることになったでしょう。

さて，実はもうひとつ論点がありました。この土地を実際に評価したのは平成27年でした。ですから，当時は広大地の評価を適用し，その評価額は下記のとおりでした。

> 100,000円×広大地補正率×793.38㎡＝44,455,540円
> ※　同じ土地なのに平成30年だと約1,500万円も評価が上がる！

この土地は北と東の二方道路で，周辺の宅地分譲には路地状敷地の分譲地もあります。果たして広大地評価は適用できたのでしょうか？

公図を改めて確認してください。北側道路との間に632番9という土地があるのがわかるでしょうか。この土地の測量図を見てください。

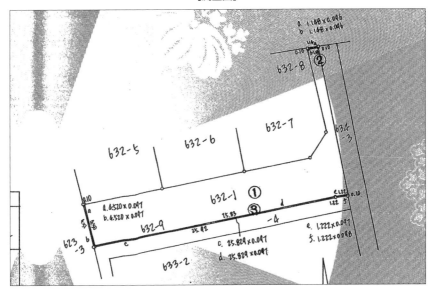

　幅10cmの細い土地で，もし事前に知らないで現地を見たら絶対にわかりません。この土地の所有者は不動産屋でした。この不動産屋は，北側の632番5，6，7を開発した不動産屋です。開発をかけて開発道路を作った場合，○○市ではその道路は市に移管され市道となります。つまり，南側の今回評価した土地の所有者もその道を使用できることとなります。そこでこの不動産屋はあえて10cmの土地を残し，将来的に今回評価した土地が売りに出された場合，他の不動産屋よりも有利な条件で購入できるようにした訳です。

　ですから，実はこの土地は2方道路の土地ではなく，1方道路の土地だったのです。結果，広大地評価はなんの問題もなく適用できる土地でした。実際の申告では下記のような開発図面を付けて申告をしています。

【開発図】

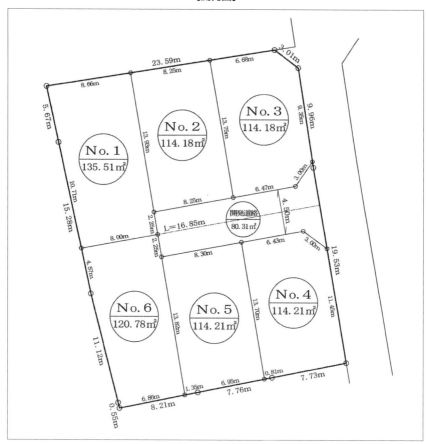

もし公図を注意して見ず，道路側隣地の所有者の確認をしなければ，この土地は２方道路で，恐らく広大地評価の適用をあきらめてしまう方が多いのではないでしょうか？　広大地評価をしない場合の平成28年の評価額は下記のとおりです。

> 100,000×0.99（奥行価格補正）×793.38㎡−476,028円（整地費）
> ＝78,068,592円
> 　（注：補正率，造成費は27年のもの）

　その差額は約3,361万円となり，この相続では最高税率が30％だったので，約1,000万円の納税額の差となります。632番９の土地を見抜けないと1,000万円の損害を与えてしまう恐ろしい事例でした。

　最後に現地の写真を載せます。公衆用道路として提供した部分，北側隣地の他人所有の土地，皆さんは現地確認だけで発見できますか？

【全体写真】

【東側道路の写真】

※　道路の約３分の１は評価対象地です。

【北側道路の写真】

※　道路と畑の間に他人の土地があります。

REPORT 2

都市計画道路・高圧線下の土地

1 案件の概要

　今回紹介する土地は，市街化区域に所在する一見どこにでもあるようなアパートの敷地です。

　まず住宅地図で確認しましょう。住宅地図で見ても普通のアパートの敷地で，道路付けだけはよく3方に道路がある敷地であることがわかります。この土地の地番は○○3丁目1043番11と15で合計の公簿の地積は140.92㎡であり大きさも普通です。

【住宅地図】

　路線価図も確認しましょう。3方に路線価があり，一番高いものが西側道路なので，西側が正面となるでしょう。

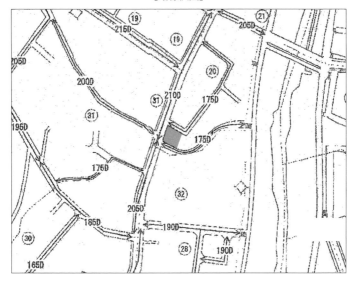

2 | 法務局での調査

　それではまず法務局です。お決まりで土地の全部事項証明書と公図を取得します。また，建物があるときは，建物の全部事項証明書と建物図面も取得します。

　その次に当該地の２筆の地積測量図がないか確認します。今回は1043番11にはありましたが，1043番15にはありませんでした。そこで，1043番15の隣地になる1043番28と1043番16（公図上口の土地）も確認します。1043番28には測量図がありました。それにしても今回の土地の公図は，ずいぶんと実際の土地の形と違って見えます。古い街の公図にはこのようなものが多くあり，この公図では正確な不整形地補正ができないだろうと思います。公図を用いて不整形地補正の計算をする先生方は多いかと思いますが，今回は住宅地図上ではほぼ整形地であるため，この公図で不整形地補正を適用するのは躊躇するかと思います。できればきちんと図面に起こして，自信をもって不整形地補正を適用したいところです。

　さて，今回も北側道路に地番があったり，南側道路との間に土地があるので，土地の要約書を取得します。すると1043番１も1043番16（公図上口の土地）も個人所有地であることがわかりました。つまり北側道路は私道，南側道路との間には第三者の土地が存在します。

【公図】

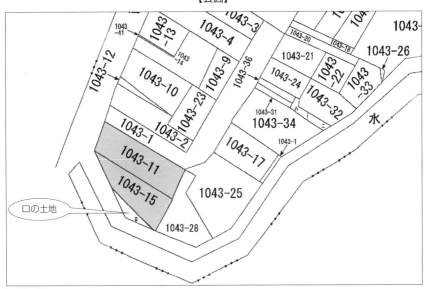

【1043番11の測量図】

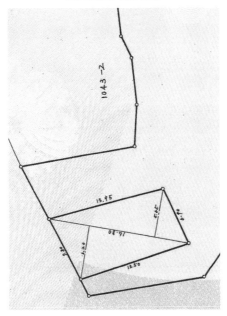

次に行くのが市役所です。まず都市計画の確認です。するといきなり発見です。な んと都市計画道路がかかっているではないですか。しかも敷地の大半を占めています。 これで「都市計画道路予定地の区域内にある宅地の評価」の適用は決定です。用途地 域は第一種住居専用地域で建ぺい率60％，容積率200％で，その他評価に影響があ る計画，条例等はありませんでした。

【都市計画図】

次に建築指導課での確認です。南側道路と西側道路は建築基準法42条1項1号道 路，北側は2項道路でした。古くからある街では私道であっても2項道路であること は多々あります。2項道路は，建築基準法の道路を定めた時点で4m未満であっても その道沿いに建物が並んでいれば道路としましょうとしたものです。この道は古くか らの私道でかつ建物があったのでしょう。ということで「セットバックを必要とする 宅地の評価」も減価要因になってくるでしょう。

また，建物が敷地にある場合には，必ず建築計画概要書を取得してください。建築 計画概要書は，概ね25年以内（調べる行政により保管状況が違うので若干の差あり） の建築物については，建築時の確認申請の内容がわかるものです。これにより敷地面 積の大きさや形（その土地すべてを建築の敷地としていないときもあるので注意が必 要），道路との接道の仕方等がわかるので，必ず取得をします。

次に道路管理課に行って，道路の査定図を取得します。今回，北側の土地は私道な

ので道路管理課に査定図はありません。私道の場合には，はじめの法務局で，地積測量図（今回はなし）を取得しておかなければなりません。

　なお，今回は埋蔵包蔵地には該当していませんでした。

4　概ねの現地の図面の作成

　調査を終えたら，揃っている資料の範囲で作図をします。敷地の北側半分の測量図と西側道路と南側道路の査定図に基づき入力します。不明の箇所は想定しながらの入力となります。この時点で建築計画概要書と道路査定図に不一致の箇所がありましたが，とりあえず道路査定図にあわせて作成しました。この段階で少し縄伸びも想定されました。

【現地調査前平面図】

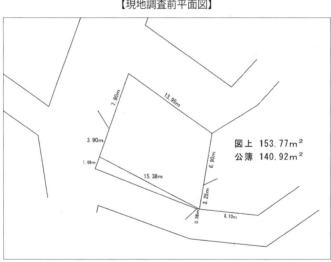

5　現 地 調 査

　次に現地確認です。今回注意して見るべきポイントは次の4つです。

⑴　土地の形，大きさは実際どうなのか

　測量図がない部分の形と測量図がある部分が測量図のとおりか確認（今回の測量図

はいずれも昭和42年の作成で古かったため）します。また，建築計画概要書と道路査定図の不一致箇所も確認します。

【全体の写真】

(2)　南側道路との間に第三者の土地があるが，実際どうなのか

　現地に第三者の土地が貸駐車場1台分として存在していました。したがって，南側道路は一切接道していないことになります。

【南側隣地の写真】

⑶　北側私道の幅員とセットバックが必要かどうか

　道路境界がはっきりしていませんが概ね3.30m～3.70mの幅でした（セットバックについては後述）。

【北側私道の写真】

⑷　その他に減価する要因はないか

　高圧線が上空にありました！

【高圧線の写真】

　上記の調査内容をまとめて，作成した評価用の完成図面（ここに至るまでの各減価要因の解説は後述）が次の完成平面図と完成陰地割合図です。

【完成平面図】

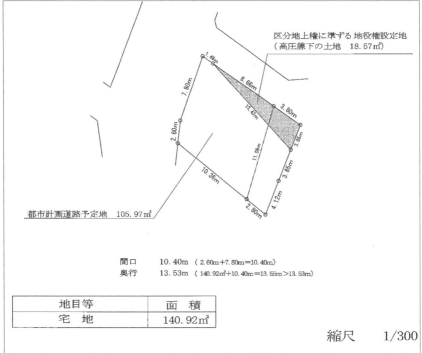

区分地上権に準ずる地役権設定地
（高圧線下の土地　18.57㎡）

都市計画道路予定地　105.97㎡

間口　　10.40m　（2.60m＋7.80m＝10.40m）
奥行　　13.53m　（140.92㎡÷10.40m＝13.55m＞13.53m）

地目等	面　積
宅　地	140.92㎡

縮尺　　1/300

【完成陰地割合図】

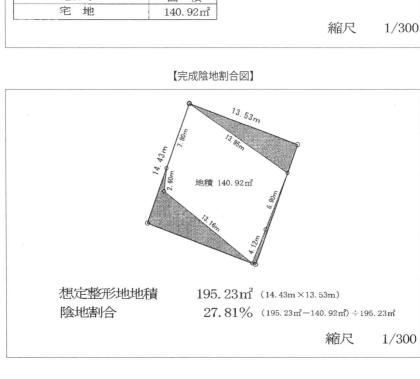

地積 140.92㎡

想定整形地地積　　195.23㎡　（14.43m×13.53m）
陰地割合　　　　27.81%　（195.23㎡－140.92㎡）÷195.23㎡

縮尺　　1/300

6 評価額の算出

評価額は，下記のとおりとなりました。

> {210,000円×0.92（不整形地補正）
>
> ×0.90（都市計画道路予定地の区域内にある宅地）
>
> ×140.92㎡−968,685円(※)（区分地上権に準ずる地役権）}
>
> ×（1−0.60×0.30）（貸家建付地）＝19,298,276円
>
> （※）210,000円×0.92×0.90×18.57㎡×30／100＝968,685円

それでは各減価要因を解説します。

⑴ 不整形地補正

前述したとおり，今回は公図の形がでたらめで，住宅地図ではほぼ整形に見える土地です。また，地積測量図が古かったこと，道路査定図と建築計画概要書に不一致があったこともあり，現地を正しく測る必要がありました。地積測量図のうち，当該地の1043番11の測量図と建築計画概要書の配置図が正しいことの確認が取れたため，それをベースに正しい平面図を作成し，適正な補正率を適用できるようにしています。なお，縄伸びはありませんでした。

⑵ セットバックを必要とする宅地の評価

実は現地確認をする前に，概ねセットバックが必要ないことはわかっていました。建築計画概要書の配置図に反対側だけに下がることが記載されていたからです。ただし，これも現地が間違いないか確認（例えば同じ道路側の隣地等がセットバックしていときなどもある）してから決定する必要があります。

【建築計画概要書の配置図】

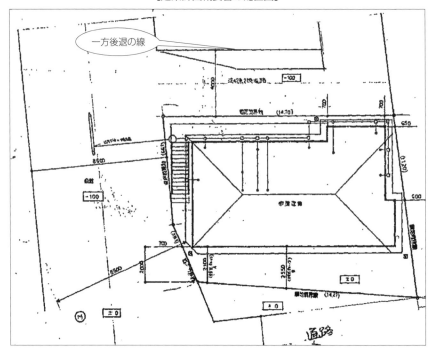

⑶ 都市計画道路予定地の区域内にある宅地

　この減価要因は，該当しているだけで決定ですが，土地に対する該当地積の割合や容積率によって補正率が変わるのできちんと調べなければなりません。

　まず土地に対する割合ですが，ご存知のとおり60％以上で補正率が大きくなります。都市計画図だけでは正確に判断できませんので，正しい平面図を○○市の都市計画課に提出し，線引き（概ね一週間くらい）をしてもらいます。これにより，該当地積を自信を持って正しく算出することができ，今回は60％以上となりました。

　また，容積率は指定容積率（都市計画で定められた容積率）と基準容積率（道路幅員に住居系なら10分の４，商業系なら10分の６を乗じて算出した容積率）を比べ低い方を採用しなければなりません。今回は西側道路の幅員が広いため，指定容積率200％となりました。

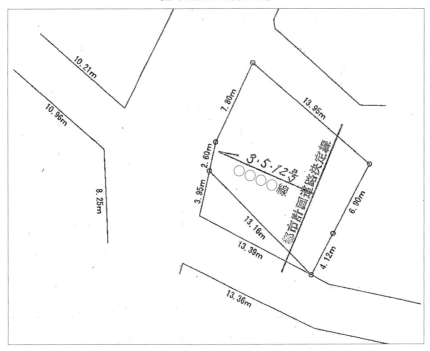

⑷ 高圧線下の土地（区分地上権に準ずる地役権）

　高圧線下の土地について，土地の全部事項証明書に地役権が設定されているものについては，読者の皆さんも減額されるのが当たり前と思いますが，今回の土地には地役権が設定されていませんでした。ここで適用できないと考えてしまいがちですが，そんなことはありません。まず，一番近い送電線の鉄塔に行き，連絡先を確認します（東京電力，JR東日本など）。そこに問い合わせ，該当地番を伝えると，建築制限がかかっているか教えてくれ，一定の手続きをすることで契約書（空中を使用しているので契約書が必ずあります）を出してくれます（この契約書は被相続人も所有しているはずですが，相続人に探してもらうのはかなり難しい）。その契約書に，建築制限の内容，該当する地積の記載がありますのでそれを根拠に適用が可能となります。

　この土地では契約後に内容の修正があり，覚書を交わしているのでそちらを見てください。

覚 書

＿＿＿＿＿＿＿＿＿＿（以下「甲」という。）と東京電力株式会社（以下「乙」という。）は昭和４９年２月１３日付，甲と乙との間に締結した末尾記載の土地（以下「この土地」という。）に係わる送電線路架設に関する契約（以下「原契約」という。）の目的変更について，次のとおり覚書を締結します。

（目　　的）

第１条　原契約の目的を次のとおり変更します。

　　　　(1) 乙は，この土地に送電線路を架設すること，ならびにその架設・保守等のため，この土地に立ち入ることができます。

　　　　(2) 甲は，この土地内で次の行為をすることができないものとします。

　　　　　① 乙の送電線路の最下垂時における電線から３.６メートル以内の範囲に建造物を築造すること。

　　　　　② 爆発性，引火性を有する危険物を製造，取扱いおよび貯蔵すること。

　　　　　③ 上記 ①，②以外に送電線路に支障となる工作物の設置，竹木の植栽等その他送電線路に支障となる一切の行為。

（建造物築造の場合の通知義務等）

第２条　甲は，この土地に建造物を築造する場合，細部設計決定前に乙に通知するものとし，甲および乙は，すみやかにその建造物の設計等について協議するものとします。

　　　２．甲は，この土地に建造物を築造する場合，屋根，ひさし，その他の建造物上面の造営材には，瓦，スレート，又は亜鉛鉄板等の不燃性材料を使用するものとし，金属を使用する場合は，甲・乙協議のうえ，これに「電気設備に関する技術基準を定める省令」に基づく第３種接地工事を施すこととします。

（上空使用料の精算及び時期）

第３条　目的変更により，上空使用料を平成 ７年10月 １日から平成 ９年 ９月30日の間の精算（年平方メートル当り金３,２００円を金１,６００円に改める。）として精算金59,424円をこの契約締結後，甲は乙の発行する請求書によりすみやかに銀行振込するものとします。

　　　　　また以後の年払金については，10月 １日から翌年 ９月30日を１ヶ年分とし，当該年度の９月末日までに，乙が，甲に対して支払うものとします。

　　　　　なお，年払金は，数年分を一括して支払うことができるものとします。

⑸　そ　の　他

　北側道路については，使用する権利がないことを地権者に確認を取り，側方加算は不要となりました。

　以上が今回の土地の評価内容です。簡単な土地に見えましたが，とても作業が多く大変でした。この土地の場合，法務局の隣地確認をしなければ「側方加算」してしまいます（最悪の場合は三方加算）。土地を測らず住宅地図で判断すると「不整形地補正」の適用がなくなります。都市計画図を確認しなければ「都市計画道路予定地の区域内にある宅地の評価」を落とします。現地確認で上空を見なければ「区分地上権に準ずる地役権」（高圧線）の控除を見逃す土地でした。

　皆さんが下記のような評価をしないことを願います。

{210,000円＋5,250円（側方加算）}

×140.92㎡－527,362円（セットバック3.5㎡）

×（1－0.60×0.30）（貸家建付地）

＝24,440,647円

REPORT 3 がけ地等を有する宅地

1 案件の概要

　今回紹介する土地は，敷地内にがけ地がある宅地です。所在が市街化調整区域だったので，通常の評価は倍率方式で，固定資産税評価額の1.0倍すればよい土地でした。

　まず住宅地図を確認しましょう。相続人から教えてもらったのは，住宅地図上の４棟の建物の場所ということでしたが，地図上では形も接道状況もなんだかよくわかりませんでした。

【住宅地図】

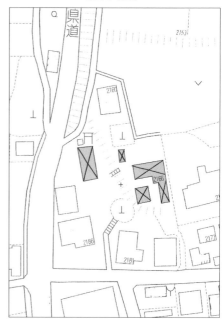

2 法務局での調査

　次に法務局で取得した公図を確認しましょう。評価対象の地番は○○市××2164番，2166番２，2166番３，2182番，2186番８，2187番２の６筆で，合計の地積は1,038.52㎡です。今回の公図は2182番だけ公図境で別になっており２枚でした。このままだと土地の形状や，隣地との関係がわからないので，このような時は必ず２枚を合体させてください。合体させたことにより敷地内に国有地が入っていることがわかりました。

【公図①】

【公図②】

【合体した公図】

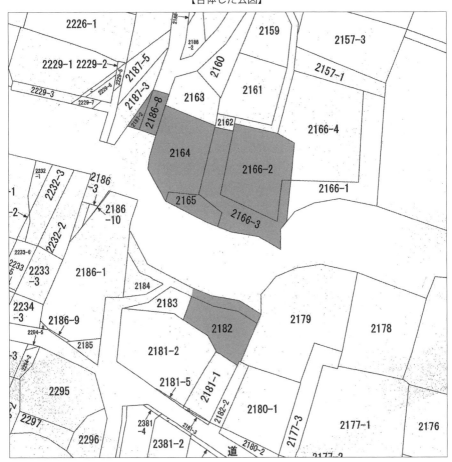

それにしても公図でも土地がどこで道路に接道しているのか見えてきません。そこで接道に関係のありそうな2187番3と2182番2の土地要約書を取得します。すると2187番3は内務省の名義（つまり県道の土地）で，2182番2の土地は相続人の土地であることがわかりました。つまりこの土地は西側県道と接道し，かつ相続人の土地（通路）を介して，南側の市道と接道していることになります。

　また，地積測量図は評価対象地の2186番8と隣地の相続人所有の通路の2182番2にしか存在しておらず，地形を確定できる資料はほとんどありませんでした。

　次に建物図面を確認しました。すると住宅地図上の4棟の建物のうち，南東側の2棟の登記がされており，建物図面がありました。

【建物図面①】

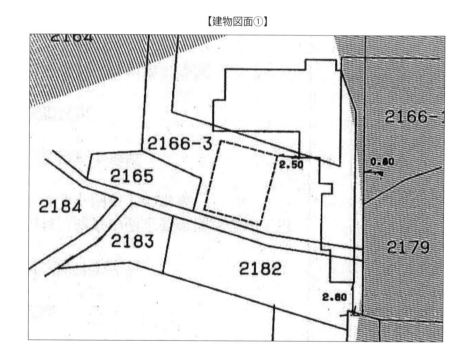

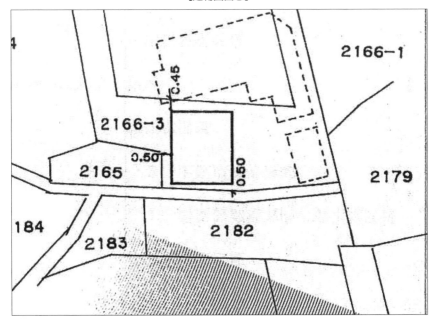

3 市役所での調査

　土地の形状の根拠となる資料が法務局にほとんどなかったので，市役所では少し広範囲に調査をかけました。

　まず道路査定図ですが，隣接はしていませんが南側の道路から西側の県道まで連続して取得します。次に北西側の県道から分かれて2166番2の北側までつながっている国有地の査定図がないか確認します。さらに公図を合体したことにより判明した敷地内の国有地の査定図も確認します。今回，いずれの査定図も存在したため，少しだけ現地調査が楽になりそうでした。

　また，建築確認概要書も当該地のものだけでなく，南側隣地2181番と2186番のものを取得します。もし建築確認の配置図と隣地所有者の土地の地形が一致（一致しない時もよくあるので要注意ですが）していれば，南側道路の査定図を入力しその間にある隣地の建築確認の配置図を入力することにより，今回評価する土地の南側の形がわかってきます。今回は残念ながら，隣地の建築確認概要書はいずれも鮮明でなかったため，あまり参考になりませんでした。

もうひとつ市街化調整区域の宅地を評価する場合に絶対に欠かせないのが，宅地要件（調整区域なので宅地として売買ができ，買った人が自由に宅地として使用できる土地かどうか）の確認です。今回の6筆は現在はすべて宅地として固定資産税が課税されていますが，昭和46年から宅地の土地は2164番と2166番2の2筆だけでした。そこで開発審査課を調査したところそれでもすべての土地に宅地要件があることがわかりました。

　※　宅地要件は非常に難しい論点がありますので，REPORT11で詳しく説明します。

4 　概ねの現地の図面の作成

　それでは現地調査前の平面図を作図しましょう。まず，道路査定図と国有地の査定図を入力していきます。今回，いずれの査定図にも座標データがありましたので，道路全部を入力する必要がなく，評価対象地に関係ある箇所だけの入力で済みました（座標データがない場合には，道路をつなげてCAD入力しなくては正確にできません）。その他は公図の形状に合わせて大体で入力するしかありません。

　また，登記があった建物の入力も必ずします。敷地の形状が定まっていない場合は，建物から隣地までの距離をたくさん測ることにより，概ね正確な平面図を作成することができるからです。この時点で縄縮みが想定できました。

【現地調査前平面図】

（普段は明示しない座標ポイントを明示しています。この座標ポイントは正確なので，この中に評価対象地がある訳です）

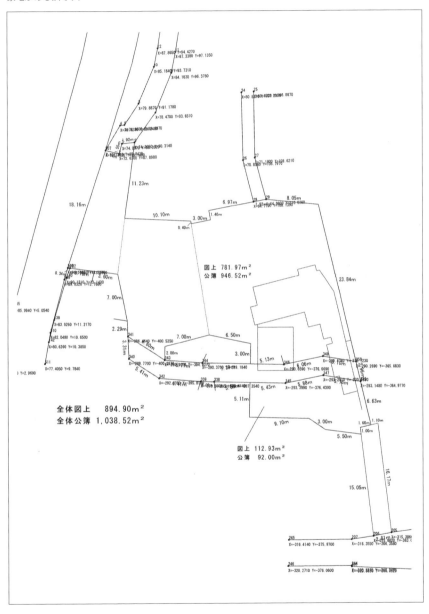

5 現地調査

　次が現地確認です。今回は現地の想像ができなかったので，調査前にポイントを絞らずに行きました。

　現地を見てびっくりしました。土地が3段になっているではないですか。西側建物の部分が西側の県道と高低差がなく，南東側建物2棟部分が西側より約2m高く，更に北側建物部分が西側より約5m高くなっています。それらをつなぐ部分ががけ地となっており，特に南東側と北側の間は擁壁のない約3mの垂直の土壁でした。また，南側隣地の2165番が墓地になっており，利用価値の著しく低下している宅地として10%の斟酌ができることが判明しました。

【西側道路から見た当該地】
（正面奥が北側物置，右奥が南東側2階建て）

【南東側と北側の間の土壁】

【南東側より西側を見下ろした写真】
（右の階段が北側に続く）

【隣地2165番の墓地】

　次に，この土地を正確な形が出せるまで測っていかなくてはなりません。

　土地の形状の測り方ですが，このような場合には平面の3箇所をそれぞれ別に測ります。西側と北側には倉庫があったのですが，まず建物を測り，そこから隣地までの距離や敷地の曲がっている箇所までの距離そして外周を測ります。南東側は建物図面がありますので，まず建物図面が正確か確認します（登記後に増築されると建物図面と現地が異なるときがあります）。そしてその建物を基準に同様に測っていきます。

　また，当然ですが高低差も測らなくてはなりません。私どもの事務所にはレベル測量器があるので，各平面の高低差を正確に測ることができました。

　このデータを事務所に持ち帰り，それぞれの平面を座標データに合わせたところで入力します。当然隙間ができますので，その部分ががけ地となる訳です。

　できた図面により斜度を計算し，現地と相違がなければOKです。

　さて，平面図上にできたがけ地部分はよいのですが，南東側と北側の間の3.1mの垂直の土壁は平面上ではがけ地となりません。これについては考慮しなくてよいのでしょうか？

　実はこの点については回答があります。神奈川県ではがけ条例というものがあり，30度かつ高さ3mを超える安全が確保されていない傾斜地（擁壁施工済みや絶対に崩れない岩壁なら問題なし）は上側ではがけ下端から高さの2倍まで，下側ではがけ上端から高さの2倍までの部分を「がけの範囲」とみており，通常の建築物は建てら

第2章　がけ付近の建築物

■第3条（がけ付近の建築物）関係

> 第3条　高さ3メートルを超えるがけ（こう配が30度を超える傾斜地をいう。以下この
> 条において同じ。）の下端（がけの下にあっては、がけの上端）からの水平距離が、が
> けの高さの2倍以内の位置に建築物を建築し、又は建築物の敷地を造成する場合は、が
> けの形状若しくは土質又は建築物の位置、規模若しくは構造に応じて、安全な擁壁を設
> けなければならない。ただし、次の各号のいずれかに該当する部分については、この限
> りでない。
> (1) がけの形状又は土質により安全上支障がない部分
> (2) がけの上部の盛土の部分で、高さが2.5メートル以下、かつ、斜面のこう配が4
> 　5度以下であり、その斜面を芝又はこれに類するもので覆ったもの
> 2　前項の規定は、がけの上に建築物を建築する場合において当該建築物の基礎ががけに
> 影響を及ぼさないとき又はがけの下に建築物を建築する場合において、当該建築物の主
> 要構造部（がけ崩れによる被害を受けるおそれのない部分を除く。）を鉄筋コンクリー
> ト造としたとき若しくはがけと当該建築物との間に適当な流土止めを設けたときは、適
> 用しない。
> 3　高さ3メートルを超えるがけの上端にある建築物の敷地には、がけの上部に沿って排
> 水溝を設ける等がけへの流水又は浸水を防止するための適当な措置を講じなければなら
> ない。

【趣旨】
　　本条は、安全性の確保を図るため、高さ3メートルを超えるがけ付近に「建築物を建築」
　又は「敷地の造成」をする際の擁壁等の設置について定めたものである。

【解説】
　1.「がけの範囲」について（第1項）
　　　「がけ」とは、こう配が30度を超える傾斜地で、高さ3メートルを超えるものをい
　　います。また、「がけ付近」とは、がけの崩壊等により影響を受ける範囲をいい、がけ
　　の高さの2倍以内の範囲をいいます。

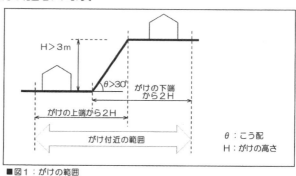

■図1：がけの範囲

（神奈川県建築基準条例の解説より）

れません。よって，がけ下端から3.1m×2＝6.2mの部分はがけと同様にみなすことができます。同様に，西側と北側の間のがけも30度を超えているため，がけ下端から5.1m×2＝10.2mの部分はがけと同様にみなすことができます。なお，このがけ条例は都道府県等でそれぞれ別途に定まっていますので，それぞれの規定に合わせて考慮していきます。

6 図面の作成

　できた図面が以下のものです。がけ地部分の地積は339.44㎡となり，南面と西面と北面があるので補正率は平均計算を行い0.866となりました。また，地積が大きく縄縮みしていることも判明しました。国有地を除くと906.22㎡となり，公簿の地積より132.30㎡（40坪）小さいのです。これについては本来なら確定測量して立証するのがよいのですが，納税者とよく話し合い，立証が現況確認だけという弱いものですが，実際の地積で申告することになりました。

【完成平面図】

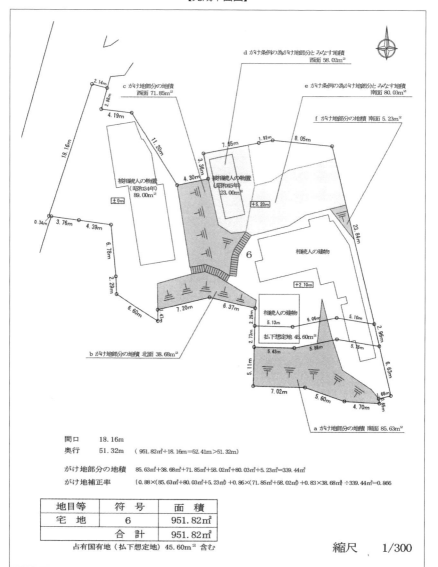

間口　　　18.16m

奥行　　　51.32m　　　(951.82㎡÷18.16m=52.41m＞51.32m)

がけ地部分の地積　　85.63㎡＋38.68㎡＋71.85㎡＋58.02㎡＋80.03㎡＋5.23㎡＝339.44㎡

がけ地補正率　　　(0.88×(85.63㎡＋80.03㎡＋5.23㎡)＋0.86×(71.85㎡＋58.02㎡)＋0.83×38.68㎡)÷339.44㎡＝0.866

地目等	符　号	面　積
宅　地	6	951.82㎡
	合　計	951.82㎡

占有国有地（払下想定地）45.60㎡【当】含む

縮尺　　1/300

【完成陰地割合図】

想定整形地地積　　1,694.58㎡（33.02m×51.32m）

陰地割合　　　　43.83%　（1,694.58㎡－951.82㎡）÷1,694.58㎡

縮尺　　1/500

7 評価額の算出

　評価の手法としては，近傍宅地の証明をもらい固定資産税路線価を算出（近傍宅地の価額＝固定資産税路線価のときが多い）して倍率を乗じ，それを相続税路線価として相続税の通常の補正をして評価を行います。

【近傍宅地の証明書】

所 在 地 番	登 記 地 目	課 税 地 目	登 記 地 積（㎡）
仮 換 地 街 区 符 号	評 価 額（円）		1㎡当近傍類似価格（円） （上記価格の地目）
2130-4	畑	雑種地（私道）	108.00
			37,700
	1,221,480		（宅地）
2164	宅地	宅地	148.76
			46,800
	5,451,161		（宅地）
2166-2	宅地	宅地	472.72
			46,800
	17,322,351		（宅地）

評価額は，下記のとおりとなりました。

> {46,800円×1.0（倍率）×0.89（奥行価格補正）×0.92（不整形地補正）
> ×0.78（地積規模の大きな宅地）
> ×0.866（がけ地補正）×951.82㎡}
> ×（1−10%）（墓地隣接地）
> −1,062,238円（占有国有地の払下価額の控除）＝21,110,123円

　ちなみに固定資産税評価額の合計額は38,055,526円でしたので，通常の倍率方式で評価すると下記のとおり約1,700万円の差額が生じました。

> 38,055,526円×1.0倍＝38,055,526円

　固定資産税評価額は奥行価格補正や不整形地補正については斟酌されていることが多いですが，がけ地や地積が大きいことの斟酌はほとんどされていないことが多いです。調整区域の宅地の評価では，固定資産税評価額に倍率を乗じた評価額しか使えないと考える方がいますが，固定資産税で斟酌されていない減価要因がある場合には，相続税の路線価に置き換えて相続税の補正を使わなければ適正な評価にはなりません。この土地ははじめから相続税の補正を使った方がよいことが想定できており，改めて固定資産税評価額の内容を確認しませんでしたが，宅地の倍率評価の場合には常に固定資産税評価額が適正かチェックをする必要があります。

REPORT 4 | 市街化区域の農地等の造成費

今回は平成30年に定められた「地積規模の大きな宅地の評価」において，造成費の算出がいかに大切かわかる事例を紹介しましょう。今回の事例は評価的には特に難しいわけではないのですが，基本に忠実に評価することがいかに大切かわかると思います。法務局の調査，役所の調査の内容も今回は基本通りに細かく紹介していきます。

1 | 案件の概要

まずは土地を確認しましょう。市街化区域の中にある畑で無道路地です。北側にある道路が最も近いと想定でき，路線価は105,000円でした。

【住宅地図】

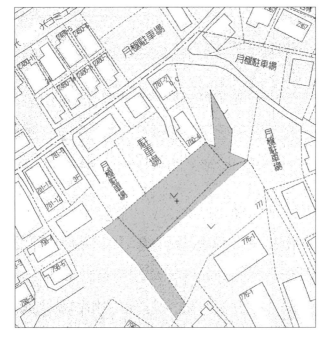

【路線価図】

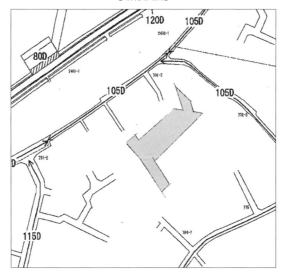

2 法務局での調査

　最初は法務局の調査です。まず，公図と土地の全部事項証明書を取得します。当該地の地番は771番2，778番，782番の3筆で地積は合計で1,182.00㎡です。次に測量図を確認します。予想はしていましたが当該地に測量図はありませんでした。そこで隣接地すべての測量図（10筆）を確認します。すると北側の781番6，7，779番1，2の4筆だけがありました。つまり北側だけは確定していますが，その他は未確定です。しかも未確定の隣地もすべて畑なので，正確な地積は隣地所有者と立会をしない限りは出せないだろうと想定できました。

　また，今回は無道路地でどこの道路から評価するかまだ決まっていないため，関係がありそうな地番も調査が必要です。調べた地番は「803番7」，「796番3，798番1」，「781番1」，「779番6，780番5」の4か所で土地要約書を取得しました。結果，803番7が市の所有で，他は私有地であることがわかりました。

　私道は市役所に道路査定図がないので，ここで地積測量図も取得すべきですが，今回は市役所の調査と現地確認をしてから必要な場合に取得することにしました。なお，最も接道の可能性が高い北側道路まではその間にある地番（771番5，6，803番8，9）の測量図の有無を確認し，存在しないことがわかりました。

【公図】

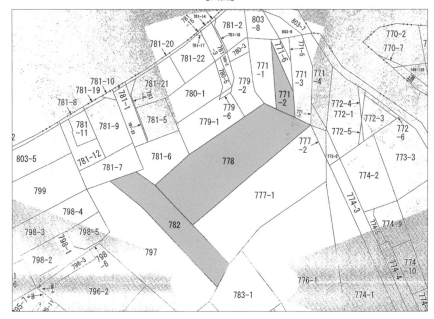

3 市役所での調査

　次に市役所の調査です。まず都市計画課で都市計画の確認です。第一種中高層住居専用地域，建ぺい率60％，容積率200％，地区条例等はないと基本の調査を必ず行います。また，都市計画図では当該地が囲われており，確認すると生産緑地の指定を受けていることがわかりました。そこで，生産緑地の証明を都市計画課で依頼しました。

【生産緑地の証明】（他782番の証明もあり）

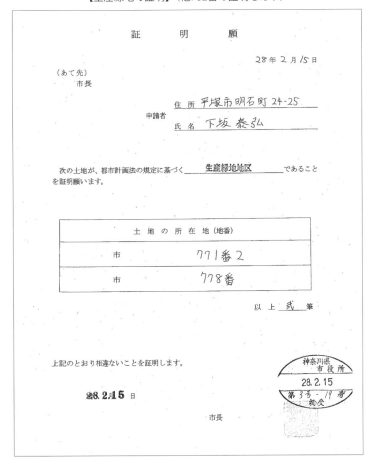

証　明　願

28年 2月 15日

（あて先）
市長

住所 平塚市明石町 24-25
申請者
氏名 下坂 泰弘

次の土地が、都市計画法の規定に基づく＿＿＿生産緑地地区＿＿＿であること
を証明願います。

土 地 の 所 在 地（地番）
市 　　771番2
市 　　778番

以上 弐 筆

上記のとおり相違ないことを証明します。

28.2.15 日

市長

　次に建築指導課に行きます。北側の道路が一番近そうですが，念のため，この土地
に関わりがありそうな道はすべて確認します。北側の道路は建築基準法42条２項道
路，南西の行き止まり道路は建築基準法42条１項２号道路（開発道路）でした。さ
らに念のため，北西側の駐車場への進入路２か所も確認すべきです。もしこのどちら
かが道路扱いされていた場合は，こちらの方が近くなり，特定路線価の附設も含めて
評価を検討する必要の可能性があります。調べたところ建築基準法上は道路扱いをさ
れていませんでした。

　次に道路管理課に行き，北側道路の査定図を取得します。その次に生涯学習課に行
き，埋蔵包蔵地の確認（該当なし）をして市役所の調査を終えます。

4 | 概ねの現地の図面の作成

　それでは現地調査前の平面図を作成しましょう。といっても入力できるのは北側隣地の測量図と北側道路の道路査定図だけで，後は公図の形に合わせてだいたいで入力するしかありません。

【現地調査前平面図】

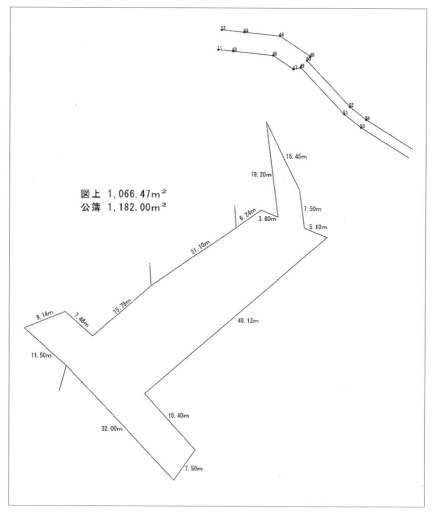

図上　1,066.47m²
公簿　1,182.00m²

5 現 地 調 査

　ここまで準備して現地調査に入ります。今回の現地調査のポイントは，下記の４つとなります。

> ⑴　隣地境界がはっきりしない中での土地の形の把握
> ⑵　当該地から北側及び南西側道路までの距離
> ⑶　造成費の確認
> ⑷　その他の減価要因がないかの確認

⑴　隣地境界がはっきりしない中での土地の形の把握

　相続人から所有している畑を教わったところ，目印が木だと聞いていました。ところが，782番と隣地797番の境は真ん中に木があるものの，その他は畑の区切りもなく，相続人もわからないとのことでした。結局ここについては公図に合わせた格好で考えるしかなく，現地にその格好をメジャーで作成してポイントを作り，そこから他のポイントに向かって測っていきました。

　このような土地を測る場合には周囲だけでなく，対角線に複数測ることが大事で，それにより正確な形となっていきます。今回は畑なので対角線に測る事は容易にできます。その他の場所は概ね畑同士の中間を境とみなし，測っていきました。

【782番と隣地797番の境を現地で仮設した写真】

【778番の畑を東側から西側に撮った写真】

⑵　当該地から北側及び南西側道路までの距離

　道路からの距離は北側道路と当該地が公図よりもずっと近いことがわかりました。北側道路からは5.80m，南西側道路からは19.40m離れていたため，北側道路からの評価で決定です。

【北側道路から当該地を撮った写真】

⑶　造成費の確認

　造成費の必要の有無ですが，当該地の畑はまったく平坦な土地に見えました。よって整地費は適用できますがそれ以外の造成費は不要の土地に見えます。しかしよくよく見ると（⑵の写真でわかればよいのですが）道路より少しだけ低く見えました。そこで，レベル（高低差を測る測量機器）を用いて測ることにしました。測る場所は「道路」「土地の隣地境の各ポイント」です。結果，道路よりも35㎝，最深部では40㎝低いことがわかりました。つまり，土地の外周全てに35㎝から40㎝の高さの土止費が必要で，当然土盛費も必要となることが判明しました。

(4) その他の減価要因がないかの確認

　その他の減価要因は，今回確認できませんでした。

6 　図面の作成

　以上の現地調査の結果を持ち帰り，図面上にまとめてみました。結果，各土地にそれぞれ縄伸び，縄縮みがあり，全体で約50㎡の縄伸びがあるように感じました。しかし，今回は隣地との境が明確ではないことから，畑同士の中間を境と考えず，当該地の畑に近いところを境とみなして公簿の地積に合わせて評価することが適正と判断し，評価用の図面を完成させました。

　また，平面図のほかに土地造成図を作成し，土止費，土盛費がわかりやすくなるようにしました。なお，今回は関係ありませんが，傾斜地の造成費を計上する場合には，土地の断面図を入れるとわかりやすくなります。

【平面図】

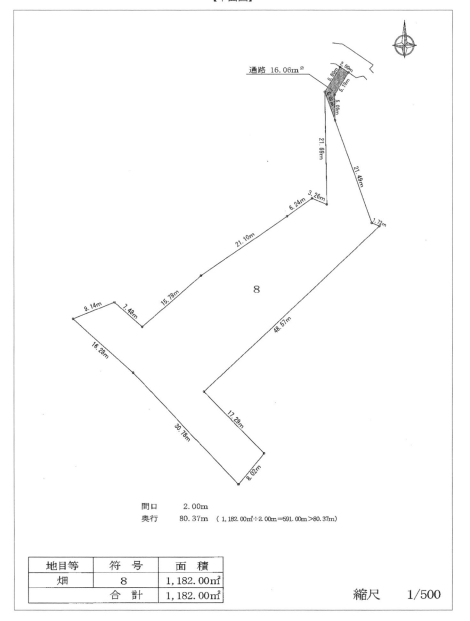

通路 16.06㎡

8

間口　　　2.00m
奥行　　80.37m　(1,182.00㎡÷2.00m＝591.00m＞80.37m)

地目等	符　号	面　積
畑	8	1,182.00㎡
	合　計	1,182.00㎡

縮尺　　1/500

【陰地割合図】

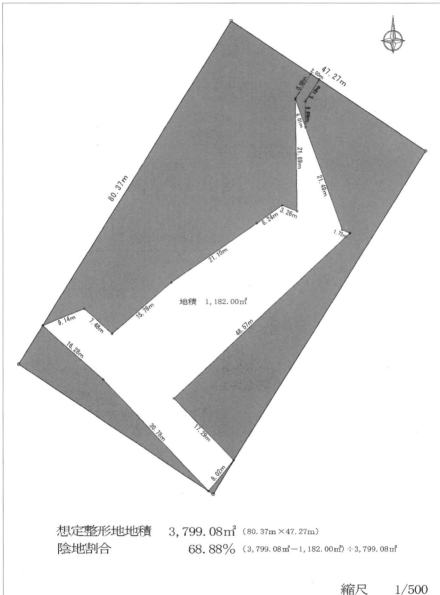

想定整形地地積　3,799.08㎡（80.37m×47.27m）
陰地割合　　　　68.88%（3,799.08㎡－1,182.00㎡）÷3,799.08㎡

縮尺　　1/500

【土地造成図】

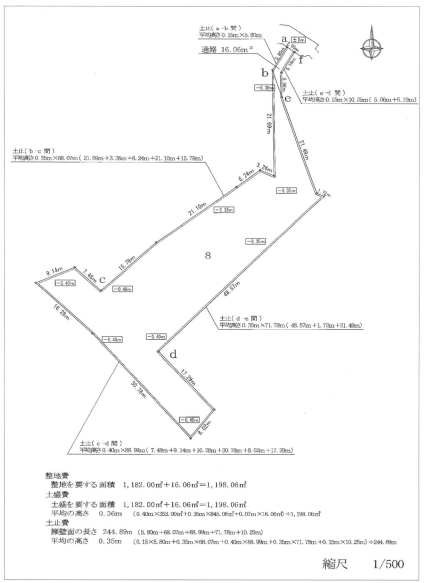

整地費
　整地を要する　面積　　1,182.00㎡＋16.06㎡＝1,198.06㎡
土盛費
　土盛を要する　面積　　1,182.00㎡＋16.06㎡＝1,198.06㎡
　平均の高さ　　0.36m　（0.40m×353.00㎡＋0.35m×845.06㎡＋0.07m×16.06㎡）÷1,198.06㎡
土止費
　擁壁面の長さ　244.89m　（5.80m＋68.07m＋88.99m＋71.78m＋10.25m）
　平均の高さ　　0.35m　（0.15m×5.80m＋0.35m×68.07m＋0.40m×88.99m＋0.35m×71.78m＋0.15m×10.25m）÷244.89m

縮尺　　1/500

（注：無道路地は通路の購入を前提とした評価のため，通路部分も造成面積に算入）

7 | 評価額の算出

評価額は，下記のとおりとなりました。

[｛105,000円×0.82（奥行価格補正）×0.63（不整形地補正）
×0.77（地積規模の大きな宅地）×（1−0.03415734）（無道路地の評価）
×1,182.00㎡｝−9,074,214円（造成費）]×（1−0.050）（生産緑地）
＝36,677,282円

　造成費の土盛費，土止費だけで約820万円となり，この申告の税率は30％に達していたので246万円の税差額が生じました。一見平らな土地で土盛費，土止費が適用できないように見えましたが，労を惜しまず丁寧に現地確認したことにより，過剰納税を避けることができた事例です。

　もし測量機器がなければ，この土地を見て土盛費，土止費を計上するのはとても困難ではないでしょうか。また，仮に計上できたとしても，正確に測っていなければ否認されるリスクやその不安を強く感じることとなるでしょう。

　「広大地評価」がなくなり，「地積規模の大きな宅地の評価」になったことにより，造成費の計上はとても大切になりました。読者の皆さんも適正な造成費が適用できるよう，測量までできる体制を作るか，ブレーンをお持ちになるのがよいかと思います。

【造成費の評価明細】

市 街 地 農 地 等 の 評 価 明 細 書

市街地農地　　市街地山林
市街地周辺農地　市街地原野

所 在 地 番		.771番2　　No. 8 ,778番,782番			
現 況 地 目		畑	① 地 積		1,182.00 ㎡

評価の基とした宅地の1平方メートル当たりの評価額	所 在 地 番		③ （評 価 額） 円	
	② 評価額の計算内容			

評価する農地等が宅地であるとした場合の1平方メートル当たりの評価額	④ 評価上考慮したその農地等の道路からの距離、形状等の条件に基づく評価額の計算内容		⑤ （評 価 額） 40,340 円

宅地造成費の計算	平坦地 費	整 地 費	整 地 費	（整地を要する面積）　　　　（1㎡当たりの整地費） 1,198.06　　　 ×　　　　　 700	⑥ 838,642 円
			伐採・抜根費	（伐採・抜根を要する面積）　（1㎡当たりの伐採・抜根費） ㎡　　 ×　　　　　　　円	⑦ 円
			地盤改良費	（地盤改良を要する面積）　（1㎡当たりの地盤改良費） ㎡　　 ×　　　　　　　円	⑧ 円
		土 盛 費		（土盛りを要する面積）（平均の高さ）（1㎡当たりの土盛費） 1,198.06 ㎡× 0.36 m×　　6,200　円	⑨ 2,674,069 円
		土 止 費		（擁壁面の長さ）（平均の高さ）（1㎡当たりの土止費） 244.89 m× 0.35 m× 64,900　円	⑩ 5,562,676 円
		合計額の計算		⑥ ＋ ⑦ ＋ ⑧ ＋ ⑨ ＋ ⑩	⑪ 9,075,387 円
		1㎡当たりの計算		⑪ ÷ ①	⑫ 7,677 円
	傾斜地	傾斜度に係る造成費		（傾斜度）　　　　度	⑬ 円
		伐採・抜根費		（伐採・抜根を要する面積）　（1㎡当たりの伐採・抜根費） ㎡　　 ×　　　　　　　円	⑭ 円
		1㎡当たりの計算		⑬ ＋ （ ⑭ ÷ ① ）	⑮ 円

市街地農地等の評価額	（⑤－⑫（又は⑮））×① (注) 市街地周辺農地については、さらに0.8を乗ずる。	38,607,666 円

(注) 1 「②評価額の計算内容」欄には、倍率地域内の市街地農地等については、評価の基とした宅地の固定資産税評価額及び倍率を記載し、路線価地域内の市街地農地等については、その市街地農地等が宅地である場合の画地計算の内容を記載してください。なお、画地計算が複雑な場合には、「土地及び土地の上に存する権利の評価明細書」を使用してください。

2 「④評価上考慮したその農地等の道路からの距離、形状等の条件に基づく評価額の計算内容」欄には、倍率地域内の市街地農地等について、「③評価額」欄の金額と⑤評価額」欄の金額が異なる場合に記載し、路線価地域内の市街地農地等については記載の必要はありません。

3 「傾斜地の宅地造成費」に加算する伐採・抜根費は、「平坦地の宅地造成費」の「伐採・抜根費」の金額を基に算出してください。

(資4－26－A4統一)

REPORT 5 | 容積率の異なる2以上の地域にわたる宅地

REPORT 5・REPORT 6 では，都会の大きな分譲マンションの敷地を評価する際に，ときどき使うちょっとレアな評価を紹介しましょう。

分譲マンションの敷地の評価は，折角いろいろな評価減を適用しても，最後に敷地権を乗じるために評価額で大きな差が出ず，厳密に行わない人も多いかと思います。しかし，適正な評価額を算出して，正しい納税額を算出するのがわれわれの仕事ですから，できるだけ正確に評価したいところです。

1 | 容積率の概要

この評価が出てくるのは，主として駅周辺の商業地域です。皆さんも都市計画図を見ることがあると思うのですが，都市計画図には容積率（指定容積率）が記載されており，商業地域では200％〜1300％の範囲で各自治体が都市計画で定めています。多く見られるのは400％，600％，800％のような割合です。

容積率はこの他に基準容積率というものがあり，これはその敷地の前面道路の幅員に10分の6（住居系の用途地域では10分の4）を乗じて求めた割合（10m幅の道路なら10m×10分の6で600％）となります。実際に建築をする際の上限の容積率は，指定容積率と基準容積率を比べ，小さい方を採用します。なお，基準容積率は道路の幅員が12m以上の場合には考慮しなくてもよく，その敷地の容積率は指定容積率を使うことになります。（さらに細かいことを言うと，基準容積率を計算する場合の道路幅員には緩和規定があります）。

都心の商業地域では，道路幅が広いことから指定容積率になることがほとんどですが，道路幅が12m未満で基準容積率が指定容積率より小さい場合には，この規定も基準容積率で計算するので，注意が必要です。

2 案件の概要

　それでは事例を確認しましょう。場所は東京都多摩市の聖蹟桜ヶ丘の駅前です。住宅地図，路線価図，都市計画図を確認してください。都市計画図は少しわかりづらいのですが，東側道路から20mまでが容積率600％，20m以上が容積率400％の商業地域と定まっています。このように，商業地域では道路から一定の距離までの容積率を高くしていることがあります。その他には道路から一定の距離までを商業系地域とし，その奥を違う用途地域にしているケース（都市計画図の南側の近隣商業地区を確認すると道路から20m以上は二種住居地域になっており容積率も小さくなっています）もあります。

　実際のこの土地の建築基準法上の容積率は下記のようになります。

（600％×1,912.18㎡＋400％

×9,272.57㎡）÷11,184.75㎡＝434％

＊　地積は後掲の平面図①参照

　また，このマンションの敷地は東側と北側と西側が道路に接道しており，路線価図を確認すると，それぞれ650,000円，265,000円，215,000円と大きく差があります。北側道路と東側道路は同じような道路幅員ですが，このように大きな差がある理由として，東側道路が駅に直近であること，そして容積率が大きいことが挙げられます。つまり，東側道路の路線価は，容積率600％を前提として付設されていることになります。しかし，実際のこの土地の容積率は上記の434％ですので，この路線価をそのまま使うのが適正でないことがわかると思います。

【住宅地図】

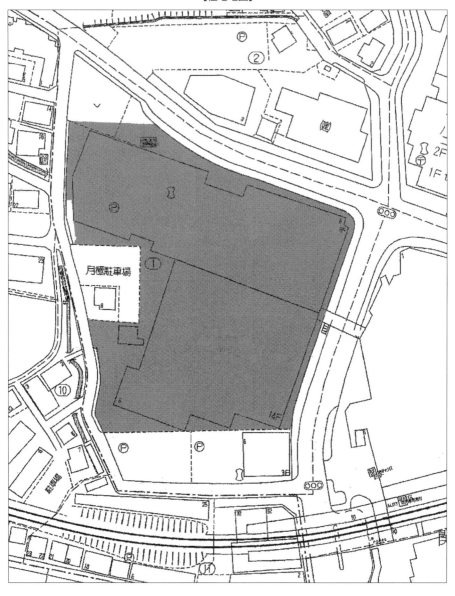

【路線価図】

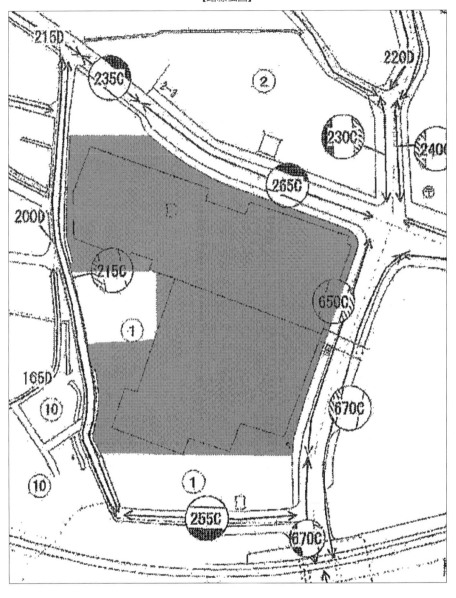

【都市計画図】

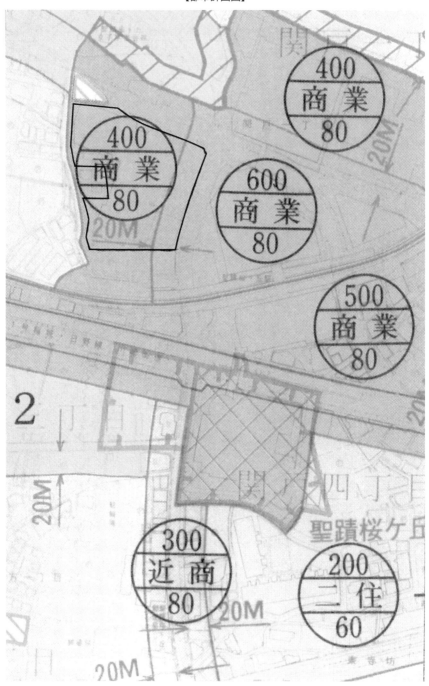

3 法務局，役所の調査

先にも記載しましたが，都市計画の内容は役所調査で確認することです。また，このような大規模マンションの敷地や小規模でも分譲マンションの敷地を評価する場合は，現地を測れないことがほとんど（測れるのは道路側だけで敷地の中には入れません）なので，法務局の地積測量図の入手や，役所での建築計画概要書の入手，接している道路の査定図の入手がとても大切になります。今回はすべての道路の座標入りの道路査定図が入手でき，足りない箇所は隣地測量図で確認ができました。

4 図面の作成

上記資料を基に平面図を作成します。現地も当然確認をするのですが，この段階で作成した平面図がそのまま完成図面になっていきます。図面作成の際に注意することは，正確に東側道路から20mの場所に線を入れ，容積率が異なる箇所の明示とそれぞれの地積を求積し明示することです。また，細かいことですが，側方路線影響加算率の按分，裏面の二方路線影響加算率の按分も図面上で正確に計算し明示しましょう。

【平面図①】

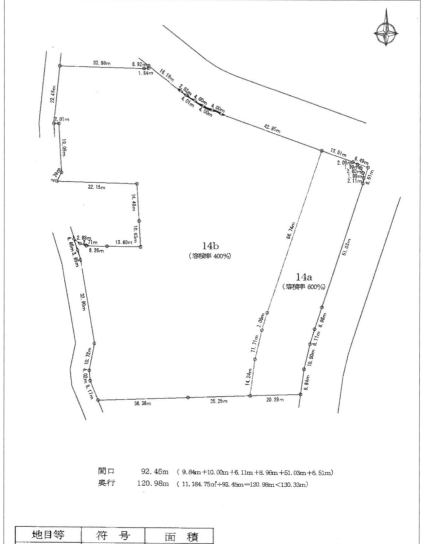

間口　　92.45m　（9.84m＋10.00m＋6.11m＋8.96m＋51.03m＋6.51m）
奥行　　120.98m　（11,184.75㎡÷92.45m＝120.98m＜130.33m）

地目等	符　号	面　積
宅　地	14a	1,912.18㎡
	14b	9,272.57㎡
合　計		11,184.75㎡

【平面図②】

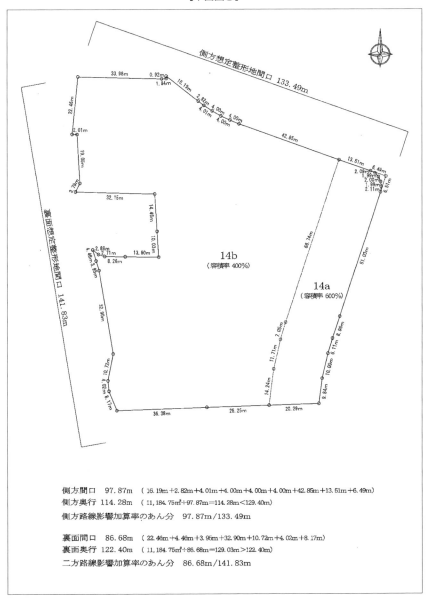

側方間口　97.87m　（16.19m＋2.82m＋4.01m＋4.00m＋4.00m＋4.00m＋42.85m＋13.51m＋6.49m）
側方奥行　114.28m　（11,184.75㎡÷97.87m＝114.28m＜129.40m）
側方路線影響加算率のあん分　97.87m／133.49m

裏面間口　86.68m　（22.46m＋4.46m＋3.96m＋32.90m＋10.72m＋4.02m＋8.17m）
裏面奥行　122.40m　（11,184.75㎡÷86.68m＝129.03m＞122.40m）
二方路線影響加算率のあん分　86.68m／141.83m

【陰地割合図】

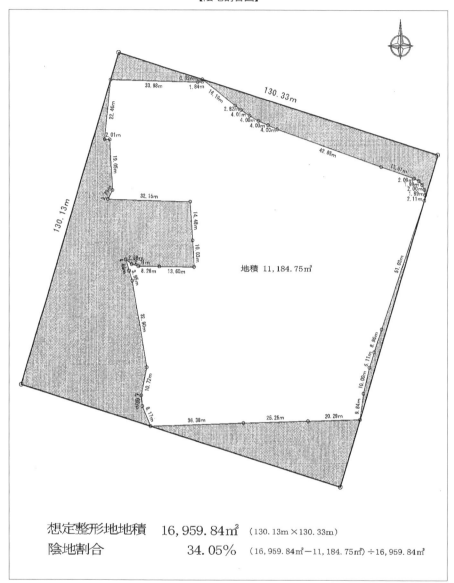

地積 11,184.75㎡

想定整形地地積　16,959.84㎡　（130.13m×130.33m）

陰地割合　34.05%　（16,959.84㎡－11,184.75㎡）÷16,959.84㎡

5 評価額の算出

評価額は下記のようになります。

{650,000円×0.80（奥行価格補正）＋（265,000円×0.8×0.08×97.87m／133.49m）（側方加算）＋215,000円×0.8×0.05×86.68m／141.83m）（裏面加算）}×0.98（不整形地補正）×（1－0.138）（容積率の異なる2以上の地域にわたる宅地）×167／100000（敷地権の割合）＝8,484,106円

※ 容積率の異なる2以上の地域にわたる場合の控除割合
{1－（600%×1,912.18㎡＋400%×9,272.57㎡）÷（600%×11,184.75㎡）}×0.5（影響度）＝0.138

もし，容積率の異なる2以上の地域にわたる宅地の評価と，側方路線影響加算率の按分と二方路線影響加算率の按分を入れないで評価をすると9,986,440円になり，約150万円の差が出ます。この申告は税率が50％に達していたので，この土地の評価差額で相続税の差額が75万円生じました。

区分所有建物の評価額は算出された価額が高いのか安いのか判断しづらいところがあり，9,986,440円で評価しても高いと思う人はいないと思います。しかし本当の正しい評価額はもっと低いのです。

REPORT 6　区分地上権の目的となっている宅地

1　評価の概要

　区分地上権の目的となっている宅地の評価は，地下や空間の利用を目的とする権利が設定されている土地の評価になりますが，実務で出てくるのは地下に道路や地下鉄が通っている土地がほとんどです。地下に空間がある土地の上に大きな建築物を建てた場合，その重量で地下空間を崩す危険性があるので，建築物に対して制限が設けられることから，評価額に反映させる規定です。

2　案件の概要

　場所は横浜駅の南東側にあるマンションの敷地です。東西南北に道路があり，路線価はそれぞれ740,000円，660,000円，550,000円，520,000円でした。
　ちなみにこの土地の容積率は均一なので，路線価の差額は単純に大通り，裏通りの利便性によるものです。また，公図を確認してもらうと，斜めに分筆線があり，その間の土地の57番2と57番3を確認したところ，地下鉄による地上権が設定されていることがわかりました。なお，この土地には正確な測量図が登記されていたため，平面図はそれで確定できました。

【住宅地図】

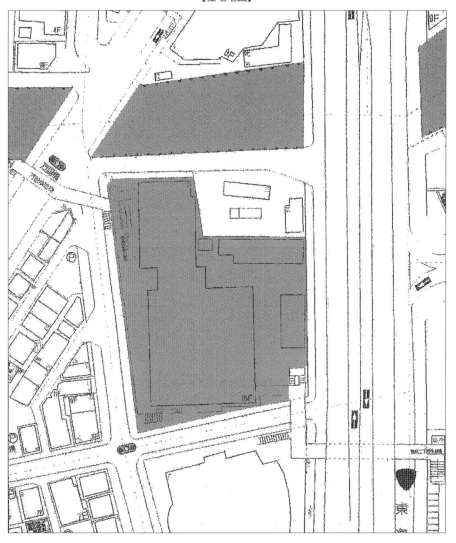

【路線価図（平成27年度）】

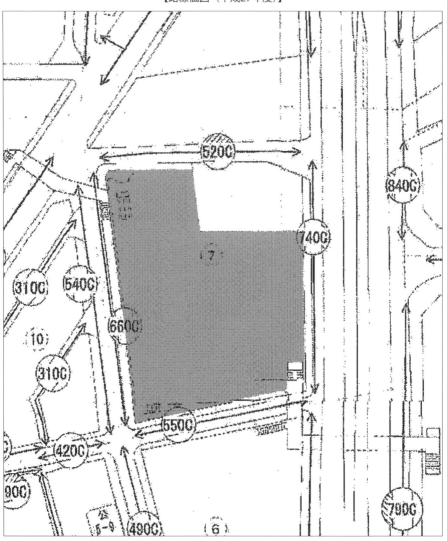

【公図】

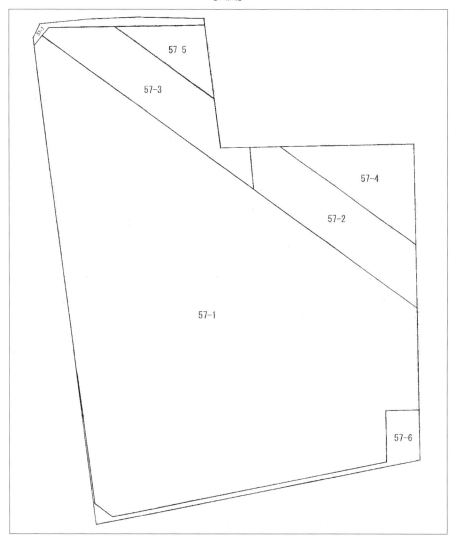

【土地謄本（57番2の権利部のみ掲載）】

権　利　部　（乙区）　（所有権以外の権利に関する事項）			
順位番号	登　記　の　目　的	受付年月日・受付番号	権　利　者　そ　の　他　の　事　項
1	地上権設定	平成１６年１２月１７日 第４７５１４号	目的　鉄道構造物設置のため 範囲　東京湾平均海面の下１２・８２２メートルから東京湾平均海面の下３２・６２２メートルまでの間 存続期間　設定契約の日から鉄道構造物存続期間中 地代　無償 特約　一、東京湾平均海面の下１２・８２２メートル以下は掘削し、又は土地の形質を変更しないこと。 　　　二、東京湾平均海面の上１・１０メートルにおいて鉄道構造物にかかる工作物の載荷重を１平方メートルにつき６トン以下とすること。 　　　三、鉄道構造物の維持、保全及び列車運行に支障、又は危険を及ぼすおそれのある工作物等の設置、並びに土地の形質の変更をしないこと。 地上権者　横浜市中区元町一丁目１１番地 　　　横　浜　高　速　鉄　道　株　式　会　社
2　　　　　　　　　　持 分根抵当権設定		平成１６年１２月１７日 第４７５１６号	原因　昭和４２年３月１日設定 （平成１６年１１月１２日都市再開発法による権利変換） 極度額　金１，２００万円 債権の範囲　銀行取引　手形債権　小切手債権 債務者　横浜市西区高島二丁目 根抵当権者　東京都千代田区丸の内二丁目７番１号 　　　株　式　会　社　三　菱　銀　行

＊　下線のあるものは抹消事項であることを示す。　　　　　整理番号　Ｋ８９３２９　（　２／５　）　　　５／６

3 評価方法

　さて，区分地上権の評価ですが，通達では，自用地の価額に「その区分地上権の設定契約の内容に応じた土地利用制限率を基とした割合」を乗じて計算した金額とあり，さらに地下鉄等のずい道の所有を目的として設定した区分地上権は100分の30とすることができると規定されています。

　まず土地利用制限率ですが，これは区分地上権がない場合に建築可能な建物の利用率を分母とし，区分地上権の設定により利用できなくなった部分の利用率を分子とする式によって求められます。つまり，区分地上権がある場合に建築可能な建物（地上何階，地下何階）と，区分地上権がない場合に建築可能な建物（地上何階，地下何階）を求めなければ計算することができません。

　これに対し，与えられた資料は建ぺい率と容積率，登記簿に記載されている①12.822m以下は掘削し，または土地の形質を変更しないこと，②載荷重を1平方メートルにつき6トン以下とすることだけです。これからどうやって建築物の階数を判断するのでしょうか？　建物は構造によっても重さが違いますし，商業施設等で天井を高く設定すれば階数も変わってしまいます。

　結局，本当に建物を建てる際にその建物の階数や荷重で支障がないかは判断しますが，評価のために簡単に算出できるものではありません。

　よって，土地利用制限率を使用することはほぼあり得ず，100分の30の区分地上権で評価することとなります。

【平面図】

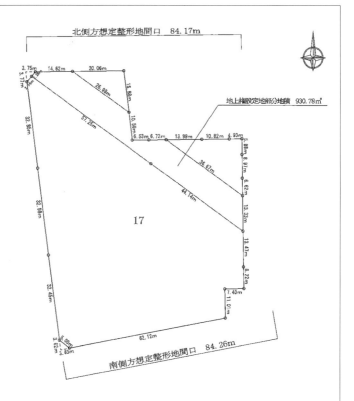

東正面 間口 56.49m（5.88m＋8.97m＋6.62m＋13.33m＋13.47m＋8.22m＝56.49m）
　　　　奥行 83.99m（6,516.67㎡÷56.49m＝115.35m＞83.99m）

北側方 間口 38.43m（20.06m＋14.62m＋3.75m＝38.43m）
　　　　奥行 104.30m（6,516.67㎡÷38.43m＝169.57m＞104.30m）

　　　　北側方路線影響加算率のあん分　38.43m/84.17m

南側方 間口 65.75m（62.12m＋3.63m＝65.75m）
　　　　奥行 99.11m（6,516.67㎡÷65.75m＝99.11m＜104.87m）

　　　　南側方路線影響加算率のあん分　65.75m/84.26m

西裏面 間口 105.02m（3.77m＋32.85m＋32.98m＋32.45m＋3.62m＝105.67m＞105.02m）
　　　　奥行 62.05m（6,516.67㎡÷105.02m＝62.05m＜80.87m）

地目等	符　号	面　積
宅　地	17	6,516.67㎡
	合　計	6,516.67㎡

【陰地割合図】

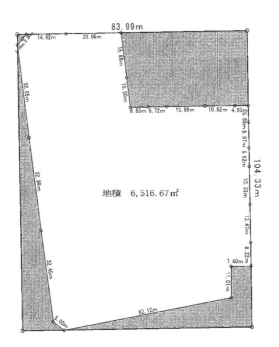

地積　6,516.67㎡

想定整形地地積　　8,762.67㎡（83.99m×104.33m）

陰地割合　　　　　25.63%（8,762.67㎡－6,516.67㎡）÷8,762.67㎡

4 評価額の算出（平成27年度）

評価額は下記のようになります。

{740,000円×0.81（奥行価格補正）＋（520,000円×0.8×0.05×38.43m／84.17m）（北側方加算）＋（550,000円×0.8×0.08×65.75m／84.26m）（南側方加算）＋660,000円×0.86×0.05）（裏面加算）｝×0.99（不整形地補正）×6,516.67㎡×2152／1000000（敷地権の割合）＝9,229,041円（自用地価額）

9,229,041円－395,456円（区分地上権）＝8,833,585円

※　区分地上権

930.78㎡×658,095円（自用地単価）×30／100×2152／1000000＝395,456円

結果，約40万円の控除ができました。この土地の評価は他の税理士からの評価依頼で行ったものなので，税差額がいくらになったかはわかりませんが，通達で規定されている項目はきちんと行うことが大切だと筆者は考えています。それが納税者から信頼を得ることになるのではないでしょうか。

REPORT 7 | 路線価が附設されていない 道路に接する土地

　今回は路線価が附設されていない道路に接している土地の評価です。ご存知の方も多いかと思いますが，間口，奥行きの計算の仕方，陰地割合の計算の仕方などの基本，その土地に至るまでの道（通路）の法的取扱等により評価がどう変わるか，特定路線価を設定すべきか否か等について，ひとつの事例を基に紹介していきます。

1 | 案件の概要

　まずは評価する土地を紹介しましょう。メイン通りから一軒奥のテラスハウスの土地です。路線価図を見てみましょう。メイン通りに220,000円の路線価がついていますが，当該土地に至る道？（今の段階ではまだ道路かどうかわかっていません）には路線価が付いていないことがわかります。

【住宅地図】

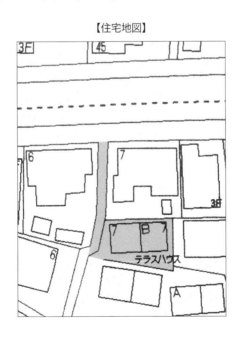

【路線価図】

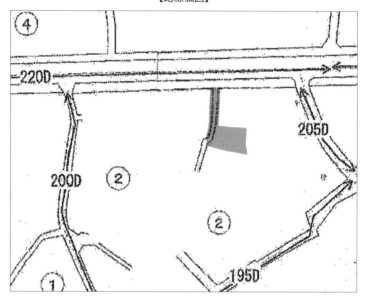

2 法務局での調査

　それではまず法務局です。法務局での調査では必ず当該地だけでなく，メイン通り
から当該地に至るまでのすべてを調査する必要があります。

　まず公図を確認しましょう。評価する土地の地番は10852番5の土地です。また，
道になっている土地の地番は10852番4，6，10853番1，8，9で，そのうち
10852番6と10853番8に共有の持分2分の1を所有しています。

　道の部分では所有地以外の土地も所有者を確認する必要があり，土地謄本を取得し
たところすべてが個人所有の土地だったため，この時点でこの道は私道であることが
わかりました。

【公図】

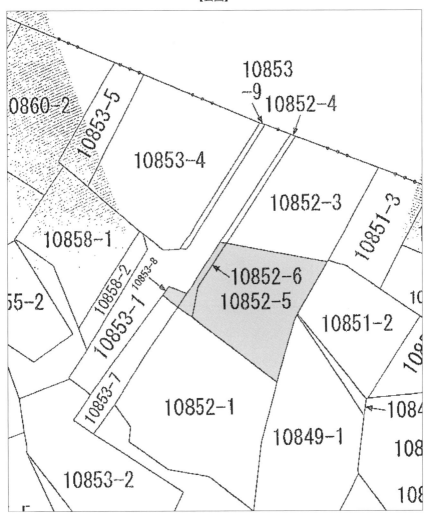

　次に地積測量図を確認しましょう。10853番1の土地以外は地積測量図がありました。後は，建物謄本，建物図面を取得して法務局は終わりです。

次に市役所の調査です。今回一番気になるのが，道の部分が建築基準法上どう扱われているかです。確認したところ「建築基準法43条ただし書き道路」であることがわかりました。「43条ただし書き道路」が何だかわからない方も多いかと思いますので少し解説いたします。まずは建築基準法の条文です。

> 第43条　建築物の敷地は，道路に2m以上接しなければならない。ただし，その敷地の周囲に広い空地を有する建築物その他の国土交通省令で定める基準に適合する建築物で，特定行政庁が交通上，安全上，防火上及び衛生上支障がないと認めて建築審査会の同意を得て許可したものについては，この限りではない。

上記のようになっており，建築基準法施行規則10条の3にその基準が下記のように定められています。

① その敷地の周囲に公園等の広い空き地を有している。

② その敷地が農道等の公共の道に2m以上接している。

③ その敷地が避難及び通行の安全等に十分な幅員を有する通路で道路に通ずるものに接している。

つまり，建築基準法上は道路ではないが，基準を満たしてかつ建築審査会の同意があれば，道路に接していなくても建築ができる特例のようなもので，評価の上では通常の建築基準法の道路に接しているものと同じと考えてほぼ差し支えありません。ちなみに幅員が4mに満たない43条ただし書き道路もあり，この場合には42条2項道路と同様にセットバックが必要となるケースがほとんどです。

今回の土地では「避難及び通行の安全等に十分な幅員を有する通路で道路に通ずるものに接している」に該当していました。

役所ではその他のお決まりの調査を必ず行って調査は終わらせ，現地調査前の平面図を作成します。

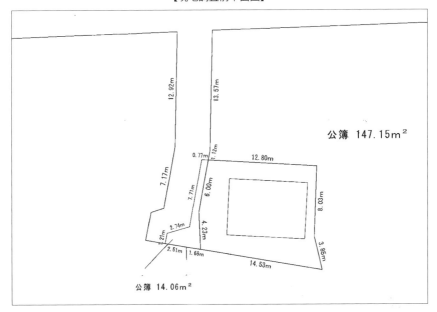

【現地調査前平面図】

公簿 147.15m²

公簿 14.06m²

---

4 現 地 調 査

　それでは現地調査に行きましょう。今回のポイントは，私道が特定路線価を付設すべき道かどうかの判断，私道部分の幅員や形状の確認，私道は当該地より奥まで続いているので，私道をどこまでで評価するかの判断，その他の減価要因がないかの確認になります。

　確認したところ，宅地部分は測量図通りで問題なく，その他の減価要因もありませんでした。私道部分は幅が4.1mあり，10853番8（共有で2分の1を所有しているところ）までで評価するのが適正と判断しました。また，現況の私道の整備状況，メイン通りからの距離を考慮し，特定路線価は設定しなくても適正に評価できると判断できました。

【メイン通りから撮影】

【当該地と私道の奥を撮影】

以上の現地調査に基づき，完成図面を仕上げていきます。

【完成平面図（宅地）】
<ポイント>　間口は私道がメイン通りに接している部分になります。

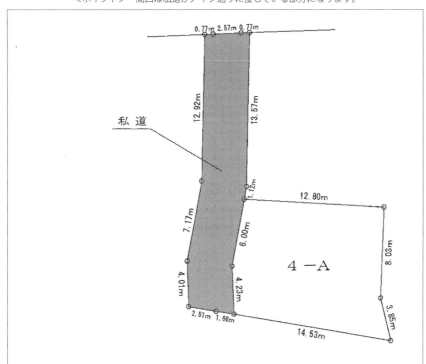

間口　　4.11m　　（0.77m＋2.57m＋0.77m＝4.11m）
奥行　　27.58m　　（147.15㎡÷4.11m＝35.80m＞27.58m）

地目等	符　号	面　積
宅　地	4－A	147.15㎡
	合　計	147.15㎡

【完成陰地割合図（宅地）】

<ポイント> 私道を含めて想定整形地を囲い，私道を陰地に含めないで陰地割合の計算をします。

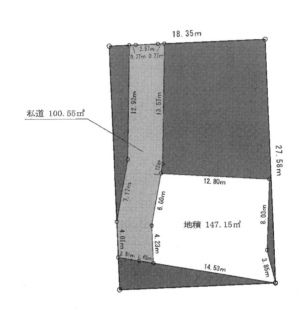

私道 100.55㎡

地積 147.15㎡

想定整形地地積　506.09㎡　(18.35m×27.58m)

陰地割合　51.05%　(506.09㎡−147.15㎡−100.55㎡)÷506.09㎡

【完成平面図（私道）】

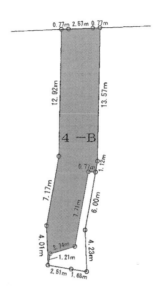

間口	4.11m	（0.77m＋2.57m＋0.77m＝4.11m）
奥行	24.46m	（100.55㎡÷4.11m＝24.46m＜24.71m）

地目等	符　号	面　積	
私　道	4 －B	100.55㎡	（内 被相続人の共有地 14.06㎡）
	合　計	100.55㎡	

【完成陰地割合図（私道）】

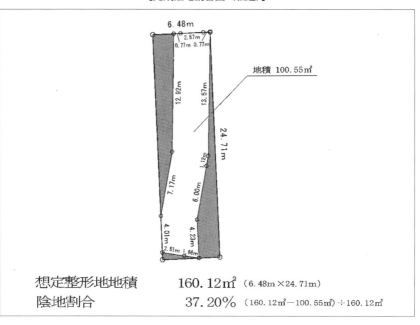

想定整形地地積　　　**160.12㎡**（6.48m×24.71m）

陰地割合　　　　　　**37.20%**（160.12㎡−100.55㎡）÷160.12㎡

6 評価額の算出

宅地の評価額は右記のとおりとなりました。

{220,000円×0.99（奥行価格補正）×0.74（不整形地補正）×147.15㎡}
×（1−0.60×0.30）（貸家建付地）＝19,447,496円（平成28年の評価）

また，私道の評価額は下記のとおりとなりました。

{220,000円×0.99（奥行価格補正）×0.82（不整形地補正）×0.3（私道）
×7.03㎡／100.55㎡（地積持分）}　×　（1−0.60×0.30）（貸家建付地）
＝308,855円（平成28年の評価）

　　私道の評価においては，所有している土地10852番6と10853番8のみの単独で
評価することも考えられます。それも正しいと思いますが，私の場合，私道が全員共
有で成り立っていることを重視し，一体で評価して面積按分する方法を採用するケー
スが多いです。

7 建築基準法の道路でない場合

　さて今回の評価，もしこの私道が建築基準法の道路や43条ただし書きに指定されていない場合はどうなるか考えてみましょう。この場合は無道路地になりますので，当該地に対し通路の開設が必要となります。通路の場所は２か所考えられ，私道内に設ける場合と，北側隣地内の最短距離で設ける場合が考えられます。

　今回のケースでは私道の一部に所有権を有していることから，私道内の通路の方が適正と考えられますが，もし私道に所有権がない場合や私道でなく国有地の通路の場合には北側隣地内が適正と考えています。こちらの判断についても正解はありませんが，無道路地の評価の通路開設は，通路部分の購入を前提とした評価であることから，購入できる可能性がある場合にはそこで通路開設すべきですし，まったく購入できる可能性がない場合には原則のとおり最短距離に架空の通路を開設すべき（算出後の評価額には強い疑義を感じますが！）と私は考えています。

　参考までに私道内に通路を設けた平面図と陰地割合図を載せます。

【平面図（開設通路）】

<ポイント＞　間口は通路がメイン通りに接している部分，もしくは通路幅員になります。

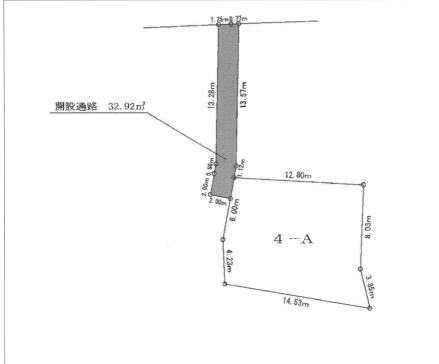

開設通路　32.92㎡

4－A

間口　　　2.02m　（1.25m＋0.77m＝2.02m）
奥行　　27.58m　（147.15㎡÷2.02m＝72.84m＞27.58m）

地目等	符　号	面　積
宅　地	4－A	147.15㎡
	合　計	147.15㎡

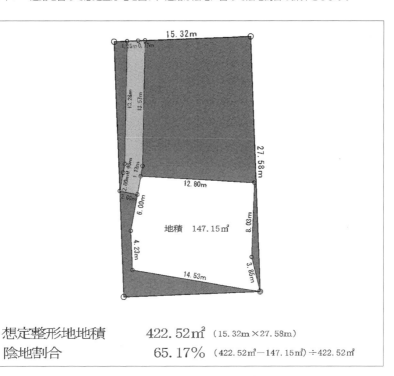

【陰地割合図（開設通路）】

<ポイント>　通路を含めて想定整形地を囲い，通路は陰地に含めて陰地割合の計算をします。

想定整形地地積　　　422.52㎡（15.32m×27.58m）

陰地割合　　　　　　65.17%（422.52㎡−147.15㎡）÷422.52㎡

8　おわりに

　最後に特定路線価についての私見を述べたいと思います。

　評価をする税理士の立場では，少しでも納税額を下げてあげたいという心理から，筆者もできれば特定路線価を設定しないで評価をしたいと考えますが，時価よりも著しく低い評価額になってしまう場合には，適正でないこと，否認されるリスクがあることから，特定路線価の設定が必要となります。ここで，過去の経験から特定路線価を設定しないで評価しても大丈夫だと筆者が考えているケースを紹介します。

⑴　路線価付設道路から２軒目までの土地

　明確な根拠はありませんが否認されたことはありません。３軒目の場合，税務署から指摘されたことがあり，リスクはあると認識しています。従来からある行き止まり

の道路で，その道路が特定の者で使用されている場合が該当します。

(2) その私道が100％プライベートの場合

　建築基準法42条1項5号道路（位置指定道路）に多いのですが，自分の敷地内の有効活用のために道路を作っていて，その道路に公共性がない場合には特定路線価を設定しないことが多いです。それでもあまりに奥行きが深くなる場合には設定した方がよいでしょう。

　また，絶対に行ってはいけないケースとして下記があります。

建築基準法の道ではない道への設定

　これは，特定路線価設定申出書の提出チェックシートにも，建築基準法の道路ではない道は設定が不要と記載されているのですが，税務署側が必ず建築基準法の道路か否かを確認しているわけではないと思われます。誤って出してしまえば設定されてしまいます。過去に次のような道の途中までを設定しようとしたところ，税務署から奥まで設定するようにと言われたことがあり，拒否した経験があります。

　また，今回の事例のような43条ただし書き道路の場合には，状況が道路としてきちんと整備されていなければ設定しない方がよいでしょう。

【住宅地図】

　こうやって書いていると，やはりケースバイケースで難しい判断ですね。ただ，自身の評価作業が楽だからと安易に設定するのだけはやめてください。また，設定する際にはあらかじめ設定される特定路線価を想定（固定資産税路線価に比例させて特定路線価も想定できます。さらに言及すると固定資産税路線価に比例させて特定路線価を定めてよいとの内部文書も存在します）し設定した場合の評価額が高くなり過ぎないか確認の上，申出をした方がよいでしょう。

　今回は事例紹介というよりは，うんちくが多くなってしまいましたが，皆さんが適正な評価ができることを願っております。

REPORT 8 からREPORT10までは，複合利用されている大きな土地の評価を紹介していきましょう。今回は，評価単位の区分方法を紹介し，REPORT 9，REPORT10でそのうちの特徴のある評価内容を紹介したいと思います。

まず評価単位の分け方ですが，最近では評価単位で争う審判事例もかなりあり，きちんと財産評価基本通達通りに行わなくてはなりません。私の基本の方法を紹介します。

> ① 現況の利用されている地目（宅地，田，畑，山林，雑種地等）ごとに
>   分ける。
> ② 分けた地目のうち「宅地」について利用の単位（自用地，貸地，貸家
>   建付地等）ごとに分ける。
> ③ 相続で取得者が異なった場合，その取得者ごとに分ける。

市街化区域の評価ではこの順番で行うのが基本となります。なお例外として，宅地以外の地目について分けることが不合理となる場合は，一体で評価することとなりますので，それだけは注意してください。

1 案件の概要

それでは，さっそく実例で紹介しましょう。

住宅地図を確認してください。大きな畑があり，その中に建物が4棟建っているのがわかります。

次に公図の確認をしてください。評価する土地は2060番9，15，152，160，161，164，165，166，187，198，2062番3，2030番8の12筆の土地です。

【住宅地図】

【公図】

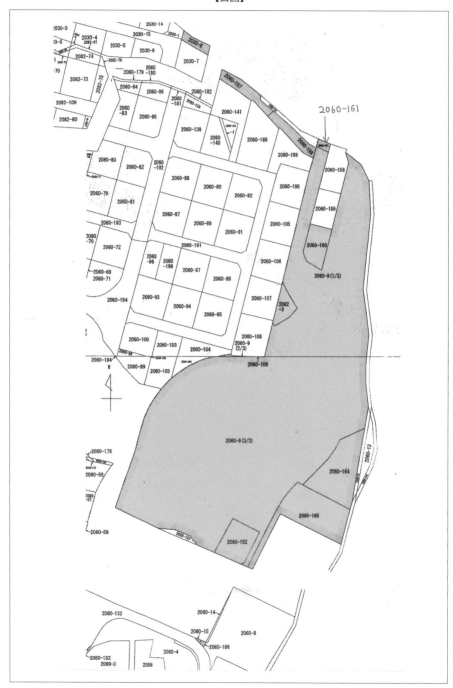

そして，路線価図を確認してください。

南側で54,000円の道に接しており，北側は私道と思われる当該地に54,000円の路線価が付いています。

【路線価図】

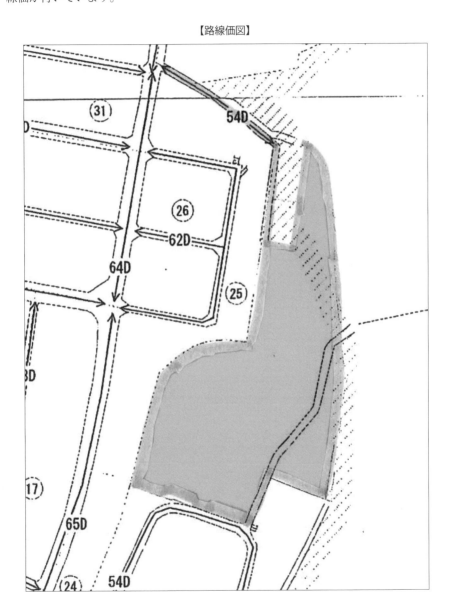

あわせて都市計画図も確認してください。東隣は市街化調整区域であることがわかります。

【都市計画図】

（図中）第一種低層住居専用地域

（図中）市街化調整区域

2 | 役所での調査

今回の土地は直近に確定測量をしていたこともあり，法務局の調査は簡単でした。そこで役所の調査から紹介します。

役所の調査では，まず都市計画課で都市計画を確認しました。するとびっくりした
のですが，当該地のうち2060番9の一部分が市街化調整区域に存在していることが
わかりました。どこからが市街化調整区域になるか記載した図が町にあったので，確
認すると約600㎡が市街化調整区域でした。

　次に建築指導課で建築基準法上の道路の確認をしました。すると，住宅地図上で書
かれている当該地内の道のようなものは，すべて建築基準法の道路ではないことが判
明しました。つまり，北側の54,000円の路線価が付いているところも，建築基準法
の道路ではないということです。これは税務署の路線価附設の誤りと考えてよいで
しょう。

【市街化区域の確認図】

3 概ねの現地の図面の作成

　その他の調査を終わらせ，現地調査前の平面図を作成しました。今回の土地は測量図があるので縄伸び，縄縮みはありません。入力は各筆がわかるようにしておき，後はどのように分けるかを現地で確認するだけです。なお，事前に2060番152は相続人Bの自宅の敷地，2060番164は電気事業者への貸宅地ということがわかっています。

【現地調査前平面図】

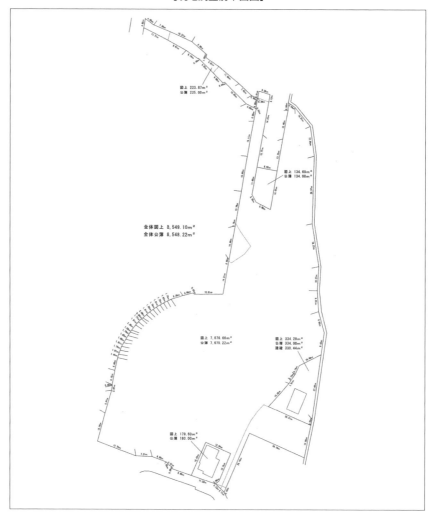

4 現 地 調 査

　現地を確認したところ，相続人Bの自宅の敷地は2060番152だけでなくもっと大きく，かつ自家用の駐車場が，奥まで利用されていることがわかりました。そして，2060番165の土地は畑で利用されており，2060番9と2060番160と2062番3の土地は一体で広大なミカン畑でした。このミカン畑には間知ブロック積が方々にあり，かなり傾斜していました。また，2060番9の中にある建物2棟は農作業小屋でした。

　住宅地図で書かれている道のようなものの確認をすると，道路状に整備されているのは南側から2060番164のところまで，北側からは2060番160のところまでで，中間部分はミカン畑の中の通路にすぎないものでした。また，2060番161の小さな土地には間知ブロック積があり，その上に木が植えられていました。

　現況はこのような感じとなり，これを区分していくことになります。

【2060番152の相続人Bの自宅】

【2060番164の電気事業者への貸宅地】

【相続人Bの自家用駐車場】

【2060番161の間知積ブロック】

【2060番165の畑（敷地奥から撮影）】

【その他はこのようなミカン畑】

【2030番８の北側私道の入口】

【2060番158，159沿いの北側私道】

5 評価単位の区分・図面の作成

　まず，私道として評価できるのがどこまでかを決めていきましょう。南側からの道は，第三者利用の2060番164の貸宅地までは私道として評価すべきです。北側からの道も第三者（2060番158と2060番159）使用のところまでは間違いなく私道ですが，2060番160のところまできちんと整備されていたので，そこまでを私道としました。また，登記の筆と一致させて区分する必要があるのは借地権の付いている2060番164です。その他は，登記の筆に関係なく実際の現況の地目に合わせ，測量した通りに区分していきます（今回，2060番152にある相続人Bの自宅以外は，相続人Aが1人で相続するので筆は関係なく分けました。なお，相続人Bの自宅の敷地で2060番9にはみ出している部分は分筆をします）。

　結果，区分はこうなりました。

	地目	構成地番	内容
2－A	宅地	2060番152，2060番9の一部	相続人Bの自宅の敷地
2－B	私道	2060番9の一部，165の一部	南側の私道
2－C	畑	2060番165の一部	畑
2－D	宅地	2060番164	電気事業者への貸宅地
2－E	畑	2060番9の一部，160，2062番3	広大なミカン畑
2－F	私道	2030番8，2060番187，198，9の一部	北側の私道
2－G	山林	2060番161	間知ブロック積の敷地

　このように評価単位と筆が一致するのは2－Dと2－Gだけとなり，他は筆と評価
単位が複雑になっています。評価の区分は現況で判断しますので，このようなケース
が多いです。ただし，各筆を相続する相続人が異なる場合には，さらに取得者ごとに
区分する必要が生じ，現況優先ばかりでなく，筆を考慮しないと遺産分割の処理が煩
雑になってしまい困りますので，その場合は筆を重視してもよいでしょう。

　なお，地目の欄に私道と記載していますが，正しくは私道という地目はありません。
私は図面上の表記を私道としていますが評価明細書は雑種地で入力をしています。

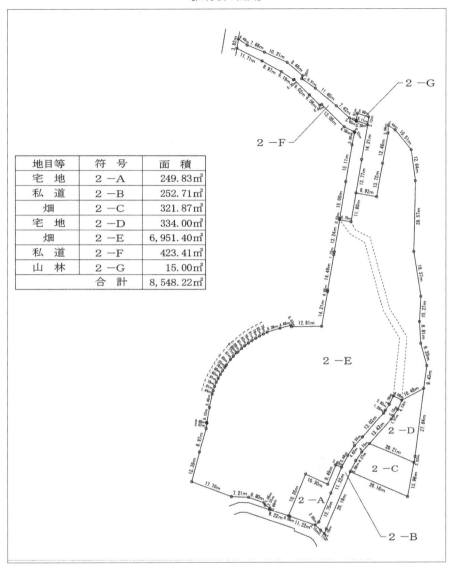

地目等	符　号	面　積
宅　地	2－A	249.83㎡
私　道	2－B	252.71㎡
畑	2－C	321.87㎡
宅　地	2－D	334.00㎡
畑	2－E	6,951.40㎡
私　道	2－F	423.41㎡
山　林	2－G	15.00㎡
	合　計	8,548.22㎡

　さて，次のREPORT 9では各評価単位のうち，2－Eのミカン畑の評価について説明しようと思います。そうそう，そういえば2－Eの中（2060番9の一部）に，市街化調整区域の部分があったのにそれを区分していないことにお気付きでしょうか？その理由も次回に解説します。

REPORT 9 | 複合利用されている大きな土地 ②宅地化不可の純農地の評価

1 | 現地調査

　今回はREPORT 8で区分した土地のうち，最も大きかった市街化区域の農地（2－Eのミカン畑）の評価を説明します。

　さて，この土地の現地調査のポイントですが，最近測量した地積測量図があるので土地の形についてはOKです。行うのは正確な造成費を算出するための高低差の測量です。REPORT 4でも紹介したのですが，レベルという測量機器で測っていきます。REPORT 4で紹介した土地は高低差が少なく，見通しもよい土地だったので簡単に測量ができましたが，今回の土地は，大きく高低差もあるので大変です。まずレベルの計測方法について簡単に紹介します。

【レベルの使用図】

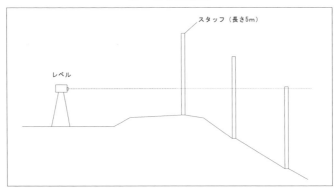

　つまり，高いところから低いところのポイントを水平に測って，その高低差を求めていくことになりますが，当然ですが間に木があれば見えなくなります。また，スタッフ以上に低い位置は測れないので，何度もレベルの位置を変えなければ土地全体の高低差は測れません。今回は10か所ほどにレベルを置き替えながら，全体を測っていきました。

【高低差を記載した図面】

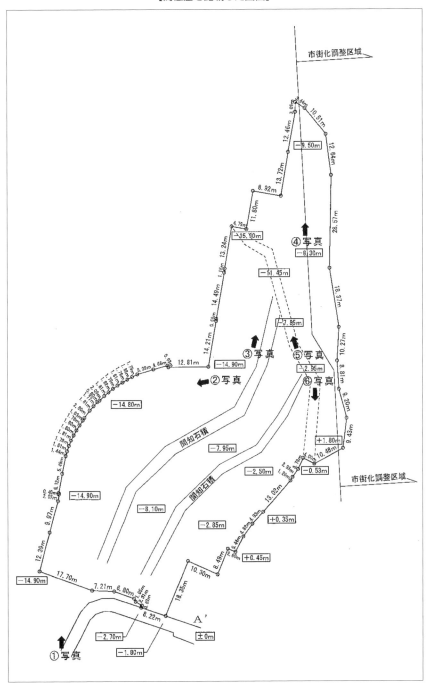

【①の写真】

【②の写真】

【③の写真】

【④の写真】

【⑤の写真】

【⑥の写真】

2 造成費の算出

高低差を測ったところで，造成費をどう適用するか考えていきましょう。

通達の造成費には，「平坦地の宅地造成費」と「傾斜地の宅地造成費」があります。この使い分けですが道路（間口部分）より低い土地については「平坦地の宅地造成費」，高い土地については「傾斜地の宅地造成費」を使うのが一般的です。

今回の土地は，約7,000㎡もある大きな土地ですが，路線価に接しているところは南側の間口8.22mの1か所で，ここより低い部分も高い部分もあります。普通に考えれば，この間口より低い位置にある部分については「平坦地の宅地造成費」，高い位置にある部分には「傾斜地の宅地造成費」（？）となるわけです。ですがひとつの土地で両方の造成費を使用する（私の使用しているソフトでは入力できません）のもいかがなものかと思いますので，まず全体の土地が概ね何度に傾斜しているかを求めました。これだけ大きい土地ですから，2か所（A−A´断面，B−B´断面）で断面図を作成し傾斜を求めたところ，A−A´断面は16.8度，B−B´断面は18.5度の傾斜（次の土地平面図内の断面図参照）となりました。

この断面の取り方も「原則として測定する起点は評価する土地に最も近い道路面の高さとし，傾斜の頂点は（最下点）は，評価する土地の頂点（最下点）が奥行距離の最も長い地点にあるものとして判定します。」となっています。これを杓子定規に考えれば下図のような同じ傾斜の土地でも，道路付けによって傾斜角が変わってしまい，左図では造成費が適用でき，右図では造成費が適用できないことになります。

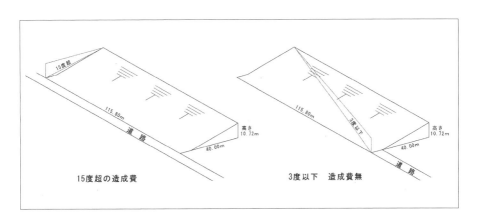

世の中の宅地造成業者にこのことを説明し右図では造成費がかからないと言っても理解を得られないのは明白で，このようなケースは原則通りに考える必要はありません。今回の土地も同様で原則によらない断面の取り方が適正と判断しています。

　通達の造成費はあくまで簡便に評価額を算出するために定めたものであり，評価する側は常に実際に工事をしたらどうなるか？　いくらになるか？　を考えながら判断する必要があります。本来は実際に宅地造成図面を作成し，実額を見積もり，その80％の価額を造成費とするのが正しい訳で，それがなかなかできないので，実際に想定される工事を念頭に置いて通達の造成費を適合させる視野が大切となります。くれぐれも上図のように杓子定規に判断してはなりません。

【土地平面図】

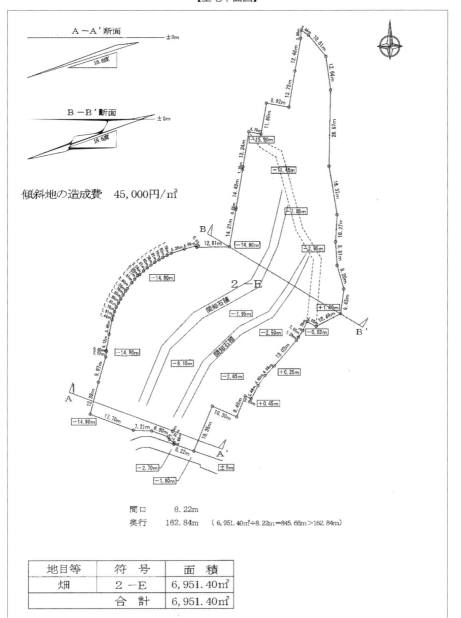

傾斜地の造成費　45,000円/㎡

間口　　　8.22m
奥行　　162.84m　（6,951.40㎡÷8.22m＝845.66m＞162.84m）

地目等	符　号	面　積
畑	2－E	6,951.40㎡
合　計		6,951.40㎡

【陰地割合図】

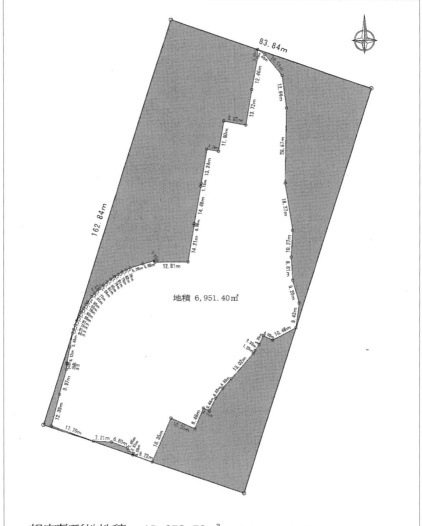

想定整形地地積　　13,652.50㎡（162.84m×83.84m）
陰地割合　　　　　49.08%（13,652.50㎡−6,951.40㎡）÷13,652.50㎡

3 評価額の算出

　平成30年度の15度超20度以下の傾斜地の造成費は45,000円／㎡です。

　結果，宅地比準方式で評価すると下記のとおりで，造成費が上回りますので経済合理性の観点から宅地化不可の土地となり，純農地の評価となりました。

> 58,000円×0.80（奥行価格補正）×0.90（不整形地補正）
> ＝41,760円／㎡＜45,000円／㎡（傾斜地の造成費）

　純農地の評価自体は簡単で，

> 37円（近傍純農地の価額）×41倍×6,951.40㎡＝10,545,273円

となります。最後は簡単ですが，ここに至るまでがかなり大変という評価でした。

　なお，この土地の中にはもともと市街化調整区域の部分が約600㎡ありましたが，結果として市街化区域も市街化調整区域の評価方法となりましたので，その部分は区分しないで評価（厳密には区分です）を行いました。

4 固定資産税評価額

　最後にこの土地の固定資産税評価額を紹介します。固定資産税は土地の筆ごとに課税されますので，2060番9の土地でみてみましょう。

【評価証明書】

固定資産 評価証明書

(　1/　1)　　　　　　　　　　　　　　　　　　　　　　　※価格等は全体を表示

年　　度	納税義務者の住所または所在地	納税義務者の氏名または名称
平成30年 1月1日現在	███████████	██████

土地 家屋 の別	所　在　地	（　　）内は家屋番号
	所有者の氏名または名称	評　価　額（円）
	登記地目または登記用途・構造・屋根・階数	登記地積または登記床面積（㎡）
	現況地目または現況種類・構造・屋根・階数	現況地積または現況床面積（㎡）
	備　　　考	
土地	███████　　　２０６０番９	200,050,860
	原野	7,178.00
	畑	7,178.00
	近傍純農地　㎡当りの評価額３７円	

この評価額の内容は下記のとおりです。

> ｛50,712円（固定資産税路線価）×0.80（奥行価格補正）
> ×0.94（間口狭小補正）×0.82（不整形地補正）
> －3,400円（造成費）｝×7,178.00㎡≒200,050,860円

　納税者はこの固定資産税評価額から，相続税も多額になることを恐れていました。反面，この土地の売却可能性について過去に不動産屋と相談しており，宅地として売却できない土地との認識も持っていました。結果，算出された相続税評価額には納得し，非常に喜んでくださいました。

　さて，固定資産税評価額です。さすがにこれはひどいので行政に確認したところ，造成費は平坦地のものを適用していました。また，この行政の固定資産税の造成費の規定の上限は6,600円で，傾斜地の造成費は存在しないとのことでした。是正を求めたのですが，上限の造成費6,600円を使って，少しだけ固定資産税評価額が下がるとの返事でした。

私はそれでは適正な評価額でないことを詳しく説明し，現在，傾斜地の造成費の規定を新たに作るように交渉をしています。

　今回は宅地比準方式での評価でしたが，もし倍率方式の評価でこの間違った固定資産税評価額を使用していたら，とんでもないことになっていました。固定資産税評価額は現地を確認しないで評価しているケースが多く（すべての土地を評価するのでしょうがないのですが），また規定が財産評価基本通達より少ないことから，時として大変な誤りとなっていることがあります。倍率評価をする際は，固定資産税評価額の計算根拠を必ず確認することが大切です。

REPORT 10 複合利用されている大きな土地 ③私道の評価

1 案件の概要

　今回はREPORT 8で区分した土地のうち，私道の評価を説明します。私道として評価するのは2－B，2－Fの土地です（111頁参照）。なお，今回は私見が比較的多く入りますので，そのように読んでくださると助かります。

2 定　　義

　さて，具体的な話の前に，私道評価する私道の定義を再確認しましょう。『財産評価の実務』（笹岡宏保，清文社）には，「私道とは，複数の者の通行の用に供される私有地である宅地をいい，道路法や建築基準法の規定による道路に該当するか否かを問いません。」と書かれています。一般的には，特定の者（複数の者）が通行する行止まりの私道が評価する私道に該当し，不特定多数の者が通行する通り抜けの私道は公衆用道路となり私道として評価をしません。また，土地所有者のみが通行する専用の道はその土地の通路となり，その土地と一体で評価をするので，やはり私道として評価をしません。

　それでは，定義を踏まえて今回の私道評価をする土地を見ていきましょう。

3 2－Bの私道

　まず，写真を確認してください。見た目は完全に道路形態です。しかし，見た目では判断をしません。通行する者で判断をします。この道を通行するのは，2－Cと2－Eの畑の所有者である被相続人，2－Dの貸宅地の借地人である電気事業者です（正確には2－Aを使用貸借で借りている相続人も通行しています）。

　電気事業者の貸宅地があることで，特定の者が通行することとなり，この道は私道

として評価する土地となります。また，貸宅地から奥も道路形態となっていますが，ここから先は２－Ｅの畑の所有者の被相続人しか通行しませんので，貸宅地までを私道としました。

　区分さえ正しくできれば評価は簡単です。

【区分図】

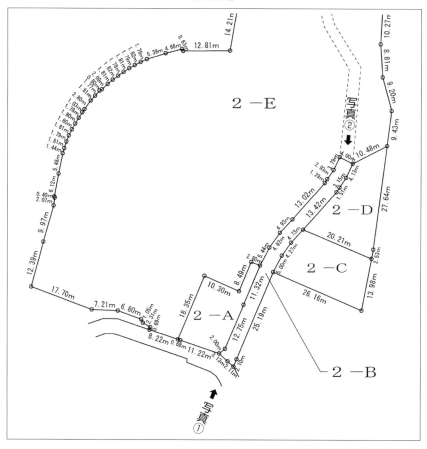

【写真①　入口から撮影】

【写真②　奥から撮影】

【土地平面図】

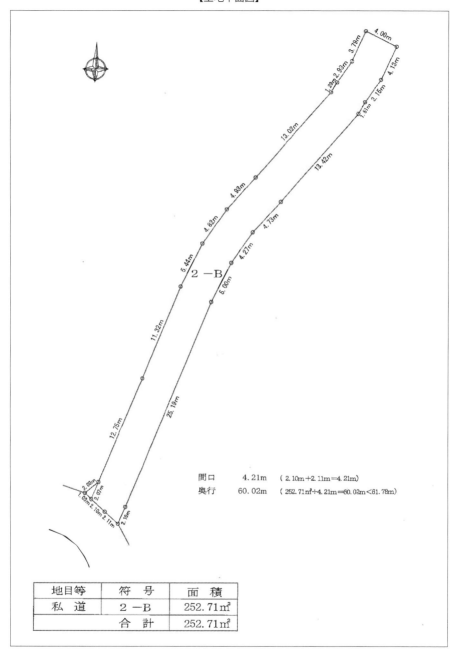

間口　　4.21m　（2.10m＋2.11m＝4.21m）
奥行　　60.02m　（252.71㎡÷4.21m＝60.02m＜61.78m）

地目等	符　号	面　積
私　道	2－B	252.71㎡
	合　計	252.71㎡

【陰地割合図】

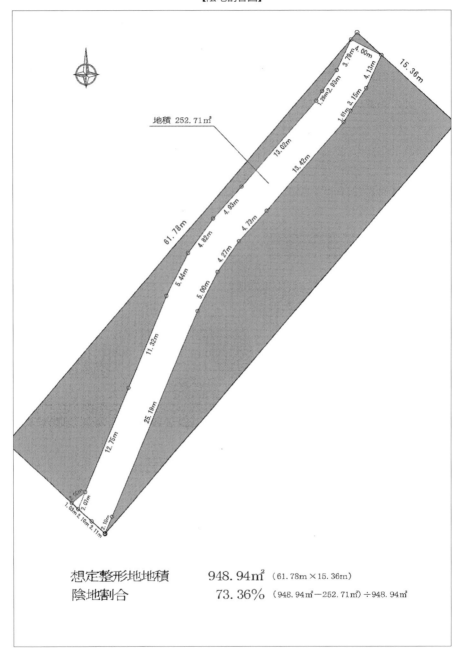

地積 252.71㎡

15.36m
4.00m
3.79m
4.13m
2.93m
1.23m
3.15m
1.51m
13.02m
13.42m
61.78m
4.93m
4.82m
4.73m
5.44m
4.27m
5.00m
11.32m
25.19m
12.75m
2.67m
2.66m
1.03m 2.10m 2.11m
2.10m

想定整形地地積　　948.94㎡ （61.78m×15.36m）

陰地割合　　73.36% （948.94㎡－252.71㎡）÷948.94㎡

評価額は，下記のようになりました。

> {54,000円（路線価）×0.86（奥行価格補正）×0.60（不整形地補正）
> ×0.3（私道の補正）}×252.71㎡＝2,112,402円

なお，私道の評価ではその私道に特定路線価を附設し，その特定路線価×0.3（私道の補正）×地積で評価する方法もありますが，ほとんどの場合は評価額が高くなってしまいます。面倒くさいと思わずにきちんと間口，奥行，陰地割合を求めて評価することをお勧めします。

4 ｜ 2－Ｆの私道

こちらの私道は論点がいくつかあります。まずは通行する者を確認しましょう。通行しているのは2－Ｅの畑の所有者である被相続人，2060番158の宅地の所有者（第三者），2060番159の宅地の所有者（第三者）です。第三者が通行していることで私道として評価をすることは確定です。それではどこからどこを私道として評価すべきでしょうか。

まず奥をどこまでとすべきかですが，2060番160の土地は被相続人の所有地で，2060番9と一体で畑として使用しています。しかし公図を見てもわかるように，この土地も過去には第三者に売却しようとして造成した土地で，道路は2060番160の横までできていました。先ほどは見た目では判断せず，通行する者で判断すると説明していますので，本来ならば2060番159のところまでが私道だと思いますが，ここについては私見で実際に道路として舗装されている2060番160までを私道としました。

【公図】

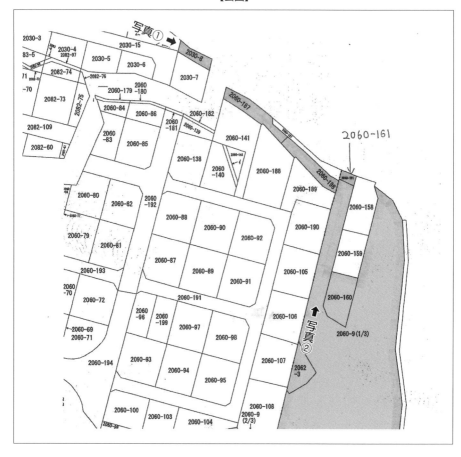

【写真① 入口から撮影】

【写真② 奥から撮影】

　問題は入口側です。路線価図（REPORT 8 参照）を見ればわかるとおり，2030番8，2060番187，2060番198の3筆には54,000円の路線価が付いています。ご存知の方もいるとは思いますが，行き止まりの私道でも路線価が付いていれば，公衆用道路として非課税にしても差し支えないという考え方もあります（絶対ではありません）。

その根拠は，財産評価基本通達14の路線価の定めで「路線価は宅地の価額がおおむね同一と認められる一連の宅地が面している路線（不特定多数の者の通行の用に供されている道路をいう。）ごとに設定する。」とされているからです。つまり路線価が付いていることで，課税庁が不特定多数の者が通行していると言っていることになるのです。

　ところがです。この路線価が付いている私道，建築基準法では道路扱いされていません（2060番158と2060番159の建物がどうやって合法的に建てられたのかいろいろ調べましたがわかりませんでした）。

　私道評価をする土地を判断する場合において，建築基準法の道路の扱いは考慮しなくてよいのですが，路線価附設については建築基準法の道路の扱いは考慮すべきです。なぜなら建築基準法の道路ではない道に面している土地には，建物が建たないので宅地としての商品価値がないからです。特定路線価の附設時にはチェックシートがあり，建築基準法の道路でない道には特定路線価は附設されないことでも明らかです。しかし残念なことに，既定の路線価においては今回のように建築基準法の道路でない道にも路線価が附設されていることがいまだ散見されます。私は見つけた時には誤りであることを伝えるようにしており，翌年には路線価がなくなるときもあります。

　さて，判断です。結論から言うと，54,000円の路線価が附設されているところを評価せず，奥側の2060番9の一部だけを私道として評価してもよいし，全体を私道として評価してもよいし，どちらでもよいと思います。私は建築士なので路線価附設は誤りと考え，全体をひとつの私道として評価をしました。

【土地平面図】

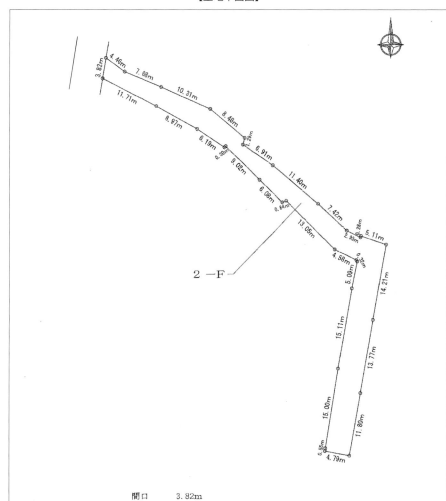

間口　　3.82m
奥行　　59.13m　（423.41㎡÷3.82m＝110.84m＞59.13m）

地目等	符　号	面　積
私　道	2 −F	423.41㎡
	合　計	423.41㎡

【陰地割合図】

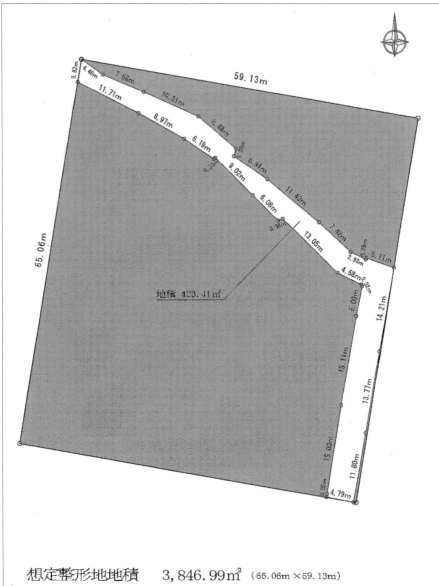

想定整形地地積　　　3,846.99㎡　(65.06m×59.13m)

陰地割合　　　　　　88.99%　(3,846.99㎡−423.41㎡)÷3,846.99㎡

評価額は，下記のようになりました。

> {64,000円（路線価）×0.87（奥行価格補正）×0.60（不整形地補正）
> ×0.3（私道の補正）}×423.41㎡×持分355.91㎡／423.41㎡
> ＝3,566,930円

※　ちなみに2060番9部分だけを私道として評価した価額も計算しており，持分の関係から
　ほとんど差がないことも一応確認しています。

5 路線価の附設について

　最後に，ある地方都市の路線価図と住宅地図を紹介します。行き止まりの道には，路線価が附設されているものと，附設されていないものがあるのがわかります。ここは私もよく知っている地域で，路線価が附設されている道には市道も私道もありますし，附設されていない道にも市道も私道もあります。奥行で決めているとも思えず路線価附設の根拠がまったくわからないのです。

　同じような私道を所有していても，路線価が付いていれば非課税とできる可能性があり，付いていなければ評価しなければならなくなります。また，その行き止まり道路に面している土地にしても，奥行にもよりますが特定路線価を付けずに低い評価できる土地とできない土地があります。

　つまり，路線価が付いているか付いていないかで，そこに関係する土地の評価額は変わってしまうのです。それなのに肝心の路線価の附設の根拠に統一性がないのです。

　財産評価基本通達で細かく規定しているのは，課税の公平のために誰が評価しても同じ評価額となるようにするためと筆者は理解しているのですが，路線価の附設がこんなに統一性がなくていいのだろうか？　果たしてこれで課税の公平になるのだろうか？　今回は書きながらこんなことを強く思ってしまいました。

【路線価図】

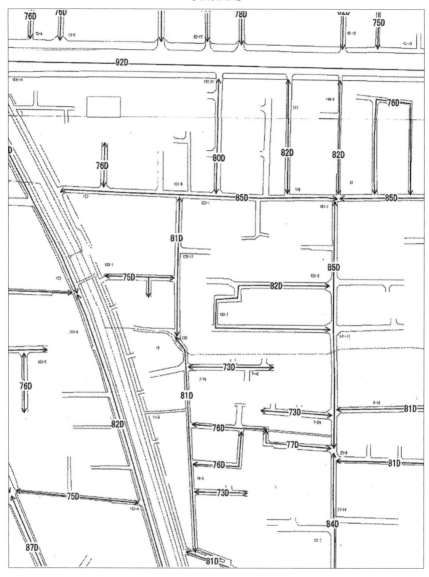

【住宅地図】

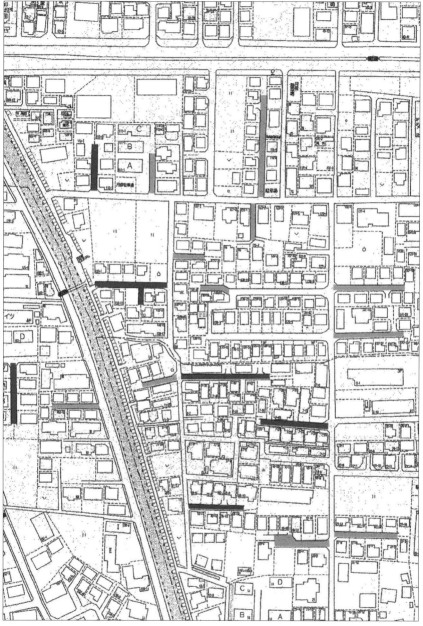

■ 路線価が附設されている行止まり道路
■ 路線価が附設されていない行止まり道路

REPORT 11 | 地積規模の大きい市街化調整区域の宅地

　今回は，市街化調整区域の宅地の評価に出てくる難しい論点を取り上げます。

　調整区域の宅地は一般的には固定資産税の評価額に倍率を乗じて評価をしますが，REPORT 3 でも紹介したとおり，固定資産税評価額に反映されていない減価要因がある場合には，固定資産税路線価に倍率を乗じて相続税路線価とし，相続税の補正を適用して評価するのが適正な評価となります。

　特に固定資産税の評価基準には，面積が大きいことによる減価要因がない市町村がほとんどです。よって，調整区域の農家の家（みんな地積が大きい）は，固定資産税評価額に倍率を乗じる一般的な評価は行わず，相続税の補正を適用して評価することがほとんどとなります。

　ここでポイントとなるのが，地積規模の大きな宅地の評価の条件のひとつ，「市街化調整区域（都市計画法第34条第10号又は第11号の規定に基づき宅地分譲に係る同法第4条《定義》第12項に規定する開発行為を行うことができる区域を除く。）に所在する宅地」を除く，という規定です。

　まずこの規定をよく理解する必要があります。市街化調整区域は適用できませんと言っていますが，開発行為を行うことができる区域を除くとあります。簡単に説明すると都市計画法34条10号は地区計画等で開発行為ができると定められた場所，11号は開発行為ができると条例で指定された区域内となり，そこでは適用してよいと言っているのです。残念ですが，私が普段から評価をしている神奈川県では10号も11号も定められている場所は私の知る限りありません（インターネットで確認すると11号の指定区域は他県ではあるようですね）。

　ところが，神奈川県には都市計画法では廃止された既存宅地制度「旧都市計画法43条6項で市街化区域の線引き（昭和45年）前からの宅地」がまだ条例として残っており，その既存宅地は宅地分譲を行うことができます。

　財産評価基本通達では，都市計画法34条10号または11号と限定はしていますが，地積規模の大きな宅地の減価の趣旨から考えれば適用できないのはおかしいので，既

存宅地の土地についても地積規模の大きな宅地の評価は適用できると理解しています（丁寧な説明を付け申告しており，今まで否認されたことはありません）。今回はこの既存宅地（宅地の要件）について説明します。

1 案件の概要

それでは事例に入りましょう。まずは住宅地図と公図と固定資産税の課税台帳を確認してください。

【住宅地図】

【公図】

平成３０年度				固定資産 名寄帳 兼 課税台帳					

納税義務者　郵便番号 ■■■　住所 ■■■■■■　納税義務者番号 ■■■■　氏名 ■■■■
納税管理人　郵便番号 ■-　住所　氏名　納管人コード

土地・家屋	所在地番 / 棟番号	外書	家屋番号	登記地目 / 課税地目 / 用途	構造 / 屋根	特例減免	課税地積(㎡) / 床面積(㎡)	評価額 (償却決定価格)(円)
土地	■ 3642番2			畑 / 宅地			33800	8427016
				（小規模住宅用地）			5494	1369764
				（一般住宅用地）			28306	7057252
土地	■ 3643番			宅地 / 宅地			40661	10137600
				（小規模住宅用地）			6609	1647765
				（一般住宅用地）			34052	8489845
土地	■ 3644番			畑 / 宅地			14800	3689936
				（小規模住宅用地）			2406	599863
				（一般住宅用地）			12394	3090073
土地	■ ■			畑 / 畑			■	■
土地	■ 3649番2			宅地 / 宅地			27742	6916635
				（小規模住宅用地）			4509	1124183
				（一般住宅用地）			23233	5792452
土地	■ 3649番6			宅地 / 宅地			6049	1508136

　宅地として課税されているのは3642番2，3643番，3644番，3649番2，3649番6の5筆です。また，登記地目が宅地なのは3643番，3649番2，3649番6の3筆です。このうち既存宅地の要件に該当する土地が，地積規模の大きな宅地の評価を適用できることになります。

2　既存宅地であることの証明

　既存宅地について，神奈川県の「都市計画法に基づく開発許可関係事務の手引」を確認してください。

【神奈川県の既存宅地の要件】

提案基準18　既存宅地

既存宅地に係る提案基準は、申請の内容が次の各項に該当するものとする。

基準の内容

1　申請地が、次に掲げる（1）から（4）のいずれかに該当するものであること。
（1）　申請地が市街化区域からおおむね1キロメートルを超えない距離にあって、おおむね3ヘクタールの面積（半径100メートルの円）内に、おおむね50以上の建築物が存する地域内にあること。
（2）　申請地が市街化区域からおおむね1キロメートルを超えない距離にあって、おおむね50以上の建築物のそれぞれの敷地が50メートル以内の間隔で連続して存する地域内にあること。
（3）　申請地がおおむね3ヘクタールの面積（半径100メートルの円）内に、おおむね100以上の建築物が存する地域内にあること。
（4）　申請地がおおむね100以上の建築物のそれぞれの敷地が50メートル以内の間隔で連続して存する地域内にあること。
（5）（2）及び（4）においては、当該申請地と最も近い既存建築物の敷地との間隔が25メートル以内とし、その他既存建築物の敷地相互間の間隔が50メートル以内で連たんして集落を形成していること。この場合、高速道路、鉄道、河川等によって明らかに分断されていないこと。
2　申請地が、市街化調整区域に関する都市計画の決定の日前において、次のいずれかに該当する土地であり、その後現在に至るまで継続して当該要件に該当していること又は過去に開発審査会提案基準18の許可を受けた宅地であること。
（1）　土地登記簿における地目が宅地とされていた土地
（2）　固定資産課税台帳が宅地として評価されていた土地
（3）　宅地造成等規制法の許可を受けて造成した土地
（4）　建築基準法に基づく道路位置指定の申請をして造成した土地
（5）　建築基準法に基づく工作物の確認を受けて造成した土地
（6）　建築物を建てる目的で農地転用許可を受けて、建築物を建築した土地
（7）　建築確認を受けて、建築物を建築した土地
（8）　その他建築物の敷地であることが明らかであると認められる土地
3　申請地内において、区画の分割、統合又は分割統合を行う場合に、1宅地は150平方メートル以上とすること。
4　当該建築物が、次のいずれかに該当するものであること。
（1）　自己の居住の用に供するための住宅
（2）　建築基準法に規定する第2種低層住居専用地域内に建築することができる建築物
（3）　その他、周辺の環境を著しく悪化させるおそれがないと認められる建築物
5　区域の面積が、3,000平方メートル以下のものに係る共同住宅、長屋及び学生寮については、以下の基準に適合すること。
（1）　既存の前面道路は、幅員4メートル以上であること。ただし、当該区域から所定の道路までの一定区間を4メートル以上に拡幅した場合はこの限りでない。
（2）　1戸当たりの住居専用面積（バルコニーを除く。）は、共同住宅及び長屋については50平方メートル以上、学生寮については16平方メートル以上29平方メートル未満とする。
（3）　区域内には、敷地面積の10パーセント以上の植樹地を確保すること。なお、ここでいう植樹地とは、みどりの協定実施要綱に基づく緑化協定に定義された内容を指し、植樹地の割合の算定に当たってはみどりの協定実施要綱の定めるところによる。
（4）　駐車場は、1戸当たり1台以上を区域内に確保すること。ただし、学生寮についてはその台数の半分以下を駐輪場とすることができる。
（5）　学生寮については、上記のほか次のすべてに該当するものとすること。
　　ア　特定の大学の学生を対象としたもので、徒歩又は軽易な乗物で通学可能な距離にあること。
　　イ　申請者と大学との協定書を添付すること。
　　ウ　建築された建物に「大学生向けの寮」である旨の表示をすること。

基準の内容のうち，1は連たんの証明（これも難しい）ですが，今回は省略します。また，3～5は，適合させればよいので難しくありません。今回は基準2について説明します。基準2は，都市計画の線引以前から宅地であったかどうかです。

　一番簡単に証明できるのが登記地目です。まず法務局で線引きがあった昭和45年以前の閉鎖謄本を取得します。すると3643番，3649番2，3649番6の3筆は線引き前からの宅地であることが確認できたので，既存宅地となります。

【閉鎖謄本（紙面の都合上3649番6のみ）】

次に，証明する方法は固定資産税が宅地課税であったかどうかです。これは昭和46年度の固定資産税の課税地目が分かる証明書（俗称46証明）を発行してもらいます。すると3642番（昭和46年時は分筆前）と3644番は課税地目が宅地ではなく畑でした。

【46証明】

<table>
<tr><td colspan="9" align="center">昭和　46 年度　固定資産　土地　評価証明書</td></tr>
<tr><td colspan="9">納税義務者住所　█████████</td></tr>
<tr><td colspan="9">　　　氏　名　　██████</td></tr>
<tr><td colspan="9" align="right">1／1 頁</td></tr>
<tr><td rowspan="2">区分</td><td colspan="2">所　在　地　番</td><td rowspan="2">登記地目又は種類</td><td rowspan="2">課税地目又は構造</td><td rowspan="2">登 記 地 積</td><td rowspan="2">課税地積又は
床面積(㎡)</td><td rowspan="2">評　価　額</td><td rowspan="2">備　　考</td></tr>
<tr><td>家 屋 番 号</td><td>地 番 号</td></tr>
<tr><td>土地</td><td colspan="2">█3642番</td><td>畑</td><td>畑</td><td>773.00</td><td>773.00</td><td>¥30,969</td><td></td></tr>
<tr><td>土地</td><td colspan="2">█3644番</td><td>畑</td><td>畑</td><td>148.00</td><td>148.00</td><td>¥5,955</td><td></td></tr>
<tr><td></td><td colspan="2">以　下　余　白</td><td></td><td></td><td></td><td></td><td></td><td></td></tr>
</table>

　基準２の証明では，さらに当時の航空写真を取得するなどの方法もありますが，46証明を取得した時点で，いつから宅地課税になったか？　なぜ宅地課税になったか？　農地転用は受けているのか？　を調べるのがよいです。

　固定資産税課，開発指導課，農業委員会を調べた結果，3642番２は分家住宅で昭和49年に農転を受け宅地となったこと，3644番は農転を受けておらず，宅地と一体で使用しているとの理由から固定資産税課で昭和55年から宅地課税をしたことが判明しました。

結果をまとめると，3643番，3649番２，3649番６は既存宅地となり，宅地分譲ができる土地として地積規模の大きな宅地の評価が適用可能となります。

　3642番２は使用者が限定されている宅地となり，第三者に売ることはできません。このような宅地はその限定される斟酌として30％の控除となります（調整区域の雑種地の評価の「用途に制限がある斟酌30％」と同じになります）。

　3644番は宅地の要件は一切ありませんので，建築不可の雑種地の評価と同じになり，50％の控除となります。

　このように固定資産税の課税台帳では一律の宅地ですが，その内容は３通りになるので３区分という難しい評価でした。

【全体平面図】

地目等	符　号	面　積
宅　地	A	744.52㎡
宅　地	B	338.00㎡
雑種地	C	148.00㎡
合　　計		1,230.52㎡

【No.A　平面図】

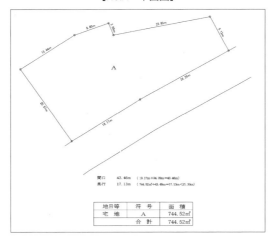

間口　43.46m　（19.17m＋34.39m＝43.46m）
奥行　17.13m　（744.52㎡÷43.46m＝17.13m＜21.30m）

地目等	符　号	面　積
宅　地	A	744.52㎡
	合　計	744.52㎡

【No.A　陰地割合図】

想定整形地地積　　985.12㎡（46.25m×21.30m）
陰地割合　　　　　24.42%（985.12㎡－744.52㎡）÷985.12㎡

＜No.Aの評価額＞

27,100円（固定資産税路線価）×1.1（倍率）×0.97（不整形地補正）

×0.78（地積規模の大きな宅地）×744.52㎡（地積）

＝16,791,159円

【No.B　平面図】

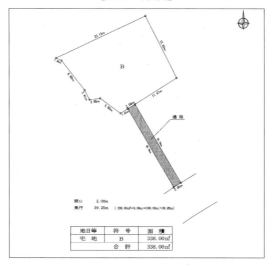

開口　2.00m
奥行　39.25m　（338.00㎡÷2.00m=169.00m>39.25m）

地目等	符　号	面　積
宅　地	B	338.00㎡
	合　計	338.00㎡

【No.B　陰地割合図】

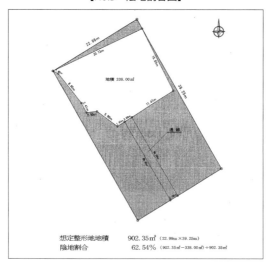

想定整形地地積　　902.35㎡（22.99m×39.25m）
陰地割合　　　　　62.54%（902.35㎡−338.00㎡）÷902.35㎡）

＜No.Bの評価額＞

27,100円（固定資産税路線価）×1.1（倍率）×0.92（奥行価格補正）

×0.63（不整形地補正）×338.00㎡（地積）×（1−30%）（限定宅地の斟酌）

＝4,087,738円

【No.C 平面図】

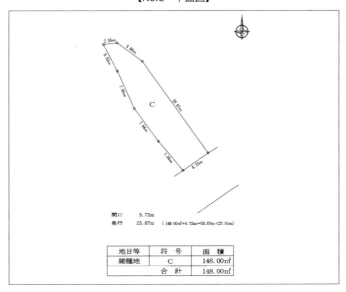

間口　5.72m
奥行　25.87m　（148.00㎡÷5.72m＝25.87m＜27.51m）

地目等	符　号	面　積
雑種地	C	148.00㎡
	合　計	148.00㎡

【No.C 陰地割合図】

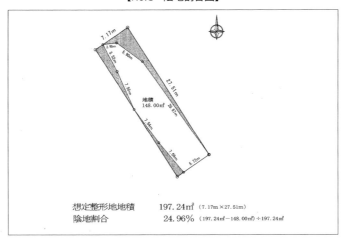

想定整形地地積　　197.24㎡（7.17m×27.51m）
陰地割合　　　　　24.96%（197.24㎡－148.00㎡）÷197.24㎡

＜No.Cの評価額＞

27,100円（固定資産税路線価）×1.1（倍率）×0.97（奥行価格補正）

×0.86（不整形地補正）×148.00㎡（地積）×（1－50%）（建築不可の斟酌）

＝1,840,084円

合計評価額は22,718,981円です。

一般的な固定資産税評価額に1.1倍をした評価額は，

30,679,323円×1.1倍＝33,747,255円

となり，概ね3分の2の評価額になりました。

4 宅地要件の判断が難しかった他の事例

さらに判断が難しかった事例も紹介しましょう。

【住宅地図】

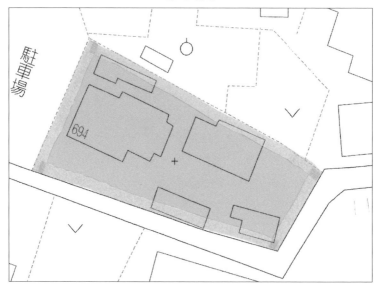

【公図】

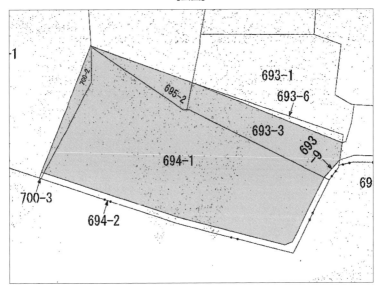

【固定資産評価証明書】

固定資産（土地・家屋）評価証明書

| 所有者 | 住所又は所在地 | ■■■■■■■■■■■■■ |
| | 氏名又は名称 | ■■■■■■■ |

区 分	所 在 地 名 家 屋 番 号	課 税 地 積 種 類 登 記 地 目 更 築 年 月 日 （仮 換 地 街 区 符 号） 家 屋 の 構 造	地 積 (㎡) 1階 床面積 (㎡) 1階外 床面積 (㎡) 合計 床面積 (㎡)	評 価 額 (円)
土地	■■ 693-3	宅地 畑	133.00 ㎡	2,464,756
土地	■■ 694-1	宅地 畑	823.00 ㎡	15,251,836
土地	■■ 695-2	宅地 畑	50.00 ㎡	926,600
土地	■■ 700-2	宅地 畑	20.00 ㎡	370,640

　登記の地目はすべて畑ですが，住宅地図，課税内容を見る限り，農家の本家が従前から暮らしていた土地（つまり既存宅地）に見えます。ところが土地謄本を確認すると，694番1は昭和50年に交換で取得しており，693番3，695番2，700番2は昭和51年に売買で取得しています。つまり，市街化調整区域になった後にこの土地を取得して宅地としたことがわかります。市街化調整区域に新たに個人の宅地ができる場合は，収用等で移転してきた場合，農家の本家や分家を建てる場合が考えられます。

【土地謄本（紙面の都合上694番1のみ）】

■■■■■694-1			全部事項証明書 （土地）

表　題　部	（土地の表示）	調製 平成7年7月20日	不動産番号 ■■■■■

地図番号	余白	筆界特定	余白	
所　在	■■■■■■		余白	

①　地　番	②地　目	③　地　積　　　　㎡	原因及びその日付〔登記の日付〕
694番	畑	895	余白
余白	余白	余白	昭和63年法務省令第37号附則第2条第2項の規定により移記 平成7年7月20日
694番1	余白	823	①③694番1、694番2に分筆 〔平成12年10月13日〕

権　利　部　（甲　区）		（所有権に関する事項）	
順位番号	登　記　の　目　的	受付年月日・受付番号	権利者その他の事項
1	所有権移転	昭和50年12月12日 第20601号	原因　昭和50年12月8日交換 所有者　■■■■■ 順位1番の登記を移記
	余白	余白	昭和63年法務省令第37号附則第2条第2項の規定により移記 平成7年7月20日
2	所有権移転	平成26年8月15日 第18952号	原因　平成22年6月13日相続 所有者　■■■■■ ■■■■■

　収用で移転した場合には，移転後も従前の土地の権利を引き継ぎますので，従前の土地が市街化の土地，もしくは市街化調整区域の既存宅地ならば，移転後の土地も既存宅地としての宅地要件があることになります。依頼主に確認をしたところ，やはり収用移転で移ってきたとのことでした。ということで筆者も既存宅地になるものと思っていました。

　ところがです。念のため，開発指導課で確認したところ，昭和51年の開発許可は収用移転ではなく，農家本家としての許可だということがわかりました。理由として考えられるのは，収用移転の許可より農家本家の許可の方が簡易だからです。つまり，この方は将来において売ることはないだろうと考え，開発許可時に既存宅地の権利を放棄したことになります。

　結果，地積規模の大きな宅地の評価は適用できず，使用者が限定される斟酌として30％控除の評価が適正となります。

【平面図】

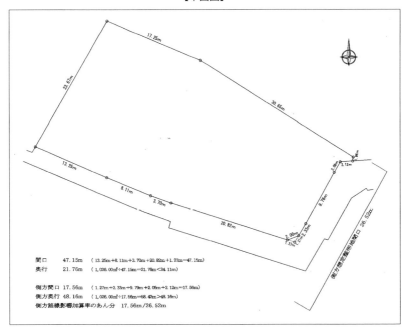

間口　　47.15m　（13.25m＋8.11m＋3.70m＋20.82m＋1.27m＝47.15m）
奥行　　21.76m　（1,026.00㎡÷47.15m＝21.76m＜34.11m）

側方間口　17.56m　（1.27m＋2.33m＋9.79m＋2.05m＋2.12m＝17.56m）
側方奥行　48.16m　（1,026.00㎡÷17.56m＝58.42m＞48.16m）
側方路線影響加算率のあん分　17.56m／26.52m

【陰地割合図】

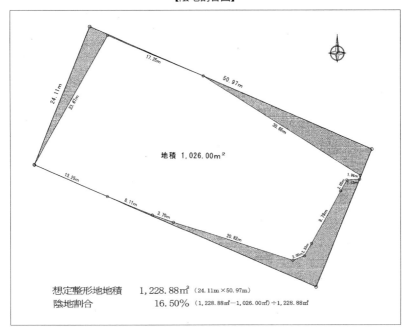

地積　1,026.00㎡

想定整形地地積　　1,228.88㎡　（24.11m×50.97m）
陰地割合　　　　　16.50％　（1,228.88㎡－1,026.00㎡）÷1,228.88㎡

<＜相続税の補正を適用した評価額＞

{26,000円（固定資産税路線価）×1.1（倍率）＋（26,000円×1.1×0.89×0.02 ×17.56m／26.52m）（側方加算）}

×0.99（不整形地補正）

×1,026.00㎡（地積）

×（1－30％）（限定宅地の斟酌）＝20,574,275円

なお，この土地の固定資産税評価額は合計で19,013,832円です。この評価額には奥行価格補正0.9，不整形地補正0.88，限定宅地0.9と想像以上に高い固定資産税の補正が入っています。単純に倍すると20,915,215円で相続税の補正を適用した評価額とあまり変わりません。いいところ取りで，固定資産税評価額には限定宅地の補正が0.9しか入っていないので，そこだけ相続税の補正に是正させてくださいと主張するのも，否認されるリスクはあるのですがありではないかと思いました。その場合は，次のとおりとなります。

19,013,832円÷0.9×1.1×（1－30％）＝16,267,389円

5 ま と め

いかがでしょうか？　調整区域の宅地の評価には，非常に難しい論点が隠されています。地域によって規定が異なるかもしれませんが，大事なのは宅地として第三者への売却は可能か？　売却したらどうなるか？　の視野をもって調査をすることです。

今回は地積規模の大きな宅地に絞って紹介しましたが，500㎡以下の宅地でも，農家分家として建っていれば30％の斟酌は必要となります。そうでない土地にしても，固定資産税評価額にセットバックが斟酌されていなかったり，市町村によっては不整形が斟酌されていない場合もあります。

調整区域の宅地の評価を，単純に倍率を乗じればよいと決して思わないでください。

REPORT 12 | 隣地のがけの影響を受ける土地

1 | 案件の概要

　今回紹介する土地は，市街化区域の緩やかな傾斜のある栗の木が生えている土地で，評価したのは平成24年と少し前になります。

　まず住宅地図と路線価図を確認しましょう。

【住宅地図】

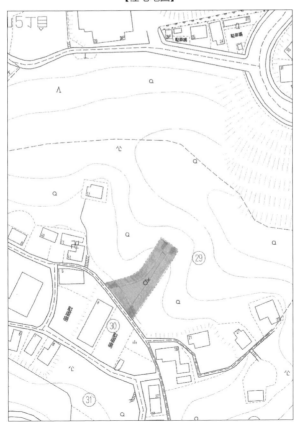

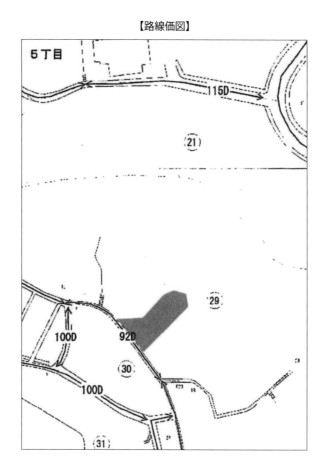

【路線価図】

---

2 │ 役所での調査

　まずは法務局に行きましょう。公図，土地謄本，地積測量図と必要なものを入手していきます。評価対象の地番は○○市××618番，618番2の2筆で，合計の地積は677.28㎡です。また，測量図は618番2だけに存在し，主となる618番，周りの土地の「554番－ヘ」には測量図は存在しませんでした。

【公図】

608-4

616-2

618-2

618

554-ヘ

616-1

617-1

554-ホ

619-1

554-8

617-2

620-1

554-9

619-2

624

554-4

621-1

622

623

　次は市役所です。都市計画課，道路管理課，教育委員会（建築指導課，開発指導課
は神奈川県に移管しているので，神奈川県の土木事務所に行きます）で調査をします。

　都市計画を確認したところ，用途地域は第一種低層住居専用地域，建ぺい率50％，
容積率100％で，その他の都市計画，地区条例，建築協定などはありませんでした。

　道路管理課では道路査定図の確認です。調べたところ古いものですが査定図が存在
していました。当該査定図には南西側の国有地の寸法も載っており，618番2の測量
図と合わせ，南側は確定できることがわかりました。また，認定幅員を示す図面もあっ
たため，それも参考に入手しました。

【道路査定図】

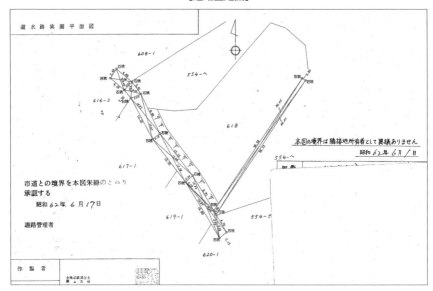

【認定幅員を示す図面】

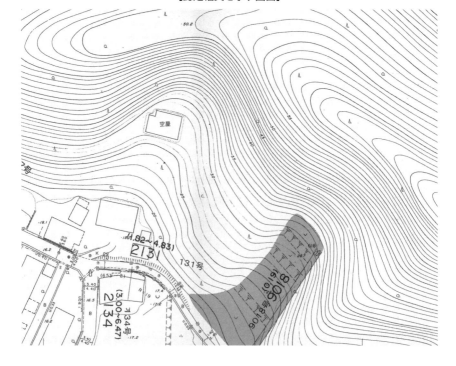

教育委員会では埋蔵を確認します。調べたところ，埋蔵文化財包蔵地に該当していることがわかりました。当該地は広大地評価（平成24年のため）に該当する可能性が高く，発掘が必要となる場合には時価に影響が出ますので，さらに詳しく調べる必要があります。当該包蔵地内の本掘の事例を調べたところ，本掘したところは1か所もありませんでしたが，当該地自体が以前に試掘をしており遺跡があることがわかっているとのことでした。つまり，道路を造ったり，切土をした場合にはかなり高い確率で発掘が必要となることが確認できました。

　次は土木事務所に行きます。建築指導課では前面道路の取扱いが建築基準法42条2項道路であることの確認が取れました。

　開発指導課では近隣にどのような開発事例があるかを調べ，宅地分譲の開発については必要な開発登録簿（広大地評価の確率が高いため）を入手しました。

3 概ねの現地の図面の作成

　事務所に戻ってから以上の調査内容をまとめ，現地調査前の平面図を作図し，見るべきポイントをまとめてから現地を見に行きます。今回のポイントは，①広大地評価ができる土地か？　②造成した場合の造成費(傾斜)はどのくらいか？　③セットバックはどのくらい下がる必要があるか？　④正確な地形と面積の確認です。

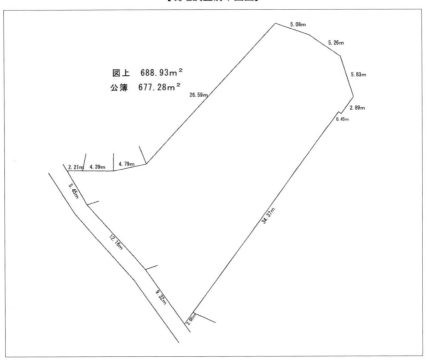

図上　688.93m²
公簿　677.28m²

4　現地調査

　現地を見たところ，土地は概ね10度強の傾斜がありましたが，宅地分譲できない
ほどのものではありませんので，広大地評価はできそうです。傾斜地の宅地造成費控
除と広大地評価のどちらが低い評価額になるかなと思いました。道路は査定図通りの
幅員で，概ね90センチのセットバックが必要とわかりました。

　最後にもう一度全体を眺めていたのですが，ふと，この土地を宅地分譲するのはす
ごく大変なのではないか，ひょっとすると宅地分譲できないのではないかと気付きま
した。

　気付いた理由は隣地の「554番−ヘ」の山です。当該地自体の傾斜は急ではないの
ですが，隣地に入った途端，かなり傾斜がきつくなっています。「これってがけ条例
の規制を受けるよな？」と思ったのです。

【南西側駐車場から見た当該地と隣地の山】

当該地

【当該地前面の道路】

（当該地自体は傾斜が急ではないのが分かる）

第2章　がけ付近の建築物

■第3条（がけ付近の建築物）関係

> 第3条　高さ3メートルを超えるがけ（こう配が30度を超える傾斜地をいう。以下この条において同じ。）の下端（がけの下にあっては、がけの上端）からの水平距離が、がけの高さの2倍以内の位置に建築物を建築し、又は建築物の敷地を造成する場合は、がけの形状若しくは土質又は建築物の位置、規模若しくは構造に応じて、安全な擁壁を設けなければならない。ただし、次の各号のいずれかに該当する部分については、この限りでない。
> (1) がけの形状又は土質により安全上支障がない部分
> (2) がけの上部の盛土の部分で、高さが2．5メートル以下、かつ、斜面のこう配が45度以下であり、その斜面を芝又はこれに類するもので覆ったもの
> 2　前項の規定は、がけの上に建築物を建築する場合において当該建築物の基礎ががけに影響を及ぼさないとき又はがけの下に建築物を建築する場合において、当該建築物の主要構造部（がけ崩れによる被害を受けるおそれのない部分を除く。）を鉄筋コンクリート造としたとき若しくはがけと当該建築物との間に適当な流土止めを設けたときは、適用しない。
> 3　高さ3メートルを超えるがけの上端にある建築物の敷地には、がけの上部に沿って排水溝を設ける等がけへの流水又は浸水を防止するための適当な措置を講じなければならない。

【趣旨】
　　本条は、安全性の確保を図るため、高さ3メートルを超えるがけ付近に「建築物を建築」又は「敷地の造成」をする際の擁壁等の設置について定めたものである。

【解説】

1．「がけの範囲」について（第1項）
　　「がけ」とは、こう配が30度を超える傾斜地で、高さ3メートルを超えるものをいいます。また、「がけ付近」とは、がけの崩壊等により影響を受ける範囲をいい、がけの高さの2倍以内の範囲をいいます。

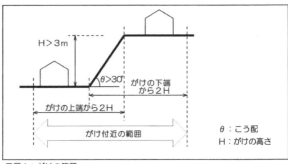

■図1：がけの範囲

(2)がけの下に建築物を建築する場合において

・当該建築物の主要構造部（がけくずれによる被害をうけるおそれのない部分を除く。）を鉄筋コンクリート造としたとき

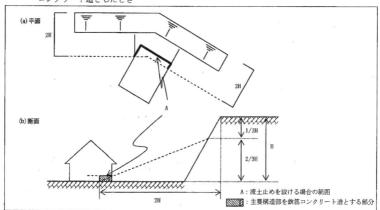

(a)平面

(b)断面

1/3H
2/3H
H
2H

A：流土止めを設ける場合の範囲
：主要構造部を鉄筋コンクリート造とする部分

・がけと当該建築物との間に適当な流土止めを設けたとき

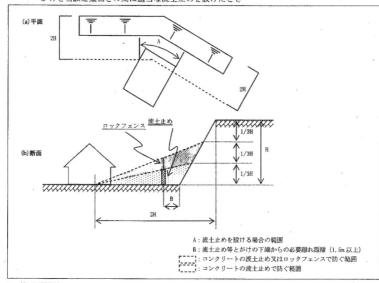

(a)平面

ロックフェンス　流土止め

(b)断面

1/3H
1/3H
1/3H
H
2H
B

A：流土止めを設ける場合の範囲
B：流土止め等とがけの下端からの必要離れ距離（1.5m以上）
：コンクリートの流土止め又はロックフェンスで防ぐ範囲
：コンクリートの流土止めで防ぐ範囲

3　第3項関係

そこで改めて土木事務所の開発指導課に行き，現地の写真と認定幅員を示す図面（取得しておいてよかった！　なんと等高線が入っている！）を見せて相談したところ，やはりがけ条例の規制を受け，敷地全体を，土砂が来ないよう一定の擁壁で囲うことが必要とのことでした。

財産評価基本通達には，当該地に係る減価要因に関しては，いろいろな規定があり減価をすることができます。造成費もしかりで，当該地の傾斜に合わせ造成費を控除することができます。しかし今回は隣地の影響です。財産評価基本通達には隣地の要因で減価する規定は墓地等による「利用価値の著しく低下している宅地の評価」しかありません。そこで総則一(3)にある「財産の評価に当たっては，その財産の価額に影響を及ぼすべきすべての事情を考慮する」を使うことになります。

評価方法としては，一定の擁壁の図面を作成し，その実額の80％の価額を通常の評価額から控除するのが妥当かと思います。しかし，これだけ大規模な造成工事の図面を作成し，工事費を見積もるのは大変です。また，その工事実額の80％の金額が通常の評価額を超えるのも経験から明白でした。そこで今回は，不動産鑑定士に当該地に係るがけ条例に関する意見書を書いてもらい，宅地化不可の山林として純山林の評価を行いました（当該地は栗の木が生えていたので栗畑として純農地の評価も考えられましたが，生産をしていない土地だったため，あえて山林にしました）。また，純山林の評価となった時点で，埋蔵包蔵地も関係なくなりましたし，広大地を考慮して取得した開発登録簿も不要となりました。

5 評価額の算出

評価額は下記のようになります。

> 234円／㎡（純山林の単価）×677.28㎡＝158,483円

ちなみに隣地の崖に気が付かず，広大地評価をした場合の埋蔵考慮前の評価額は35,275,798円（通常の評価から10度〜15度の造成費を控除した評価額は38,366,557円）で，評価差額は約3,500万円です。

この納税者は税率が40％になっていたので，この土地の評価だけで約1,400万円の過剰納税を防ぐことができました。

宅地化不可の純農地の評価をREPORT 9で紹介しましたが，そのケースは通常の評

価額から造成費を控除した結果，宅地化不可になる評価で通達内で定まっているものでした。しかし今回は，当該地ではなく隣地のがけの影響により宅地化不可となる事例で，宅地造成の経験がない人が気付くのは大変です（実際に依頼した鑑定事務所の担当も当初は理解できなかったようです）。ただ，このように隣地のがけの影響で，土砂を防ぐ擁壁（上部がネットになっているものが多い）が造られている場所は山沿いの宅地には比較的散見されます。

【がけ条例による擁壁の写真】

　すでに擁壁ができている宅地の評価の場合には敷地の安全性が確保されていますから問題はないのですが，宅地以外の場合でその擁壁ができていなければ，擁壁を造る造成費を控除しなければなりません。そうしなければ宅地比準方式の評価にならないと私は考えています。山沿いの土地を評価するときは隣地の傾斜まで確認することを忘れないでください。

　なお，このがけ条例は岩の崖等の崩壊の危険性がない場合には適用されないことも付け加えておきます。崩壊の危険性がなければ，どんなに急な岩壁の脇でも，なにもせず普通に建築することができます。そうは言っても，現地を見て，そこまで判断するのは一般的な税理士にはなかなか難しいことかと思います。

【がけ条例の影響を受けず建築している事例の写真】

今回は，ほとんどの方が適用した経験がないと思われる埋蔵文化財包蔵地の評価です。『財産評価の実務』（笹岡宏保，清文社）では，通達および情報等による取扱いではなく，平成20年の裁決により考え方が示されたとされており，評価額から発掘調査費用の80％相当額を控除するように記されています。これを実務においてどうするかということです。

1 | 案件の概要

　今回紹介する土地は，市街化区域にある複合利用されている土地で，自宅，貸事務所（賃借人は同族会社），アパート３棟，貸家１棟が建っている土地です。

【住宅地図】

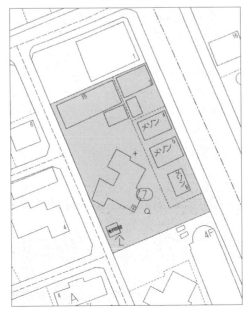

【測量図】

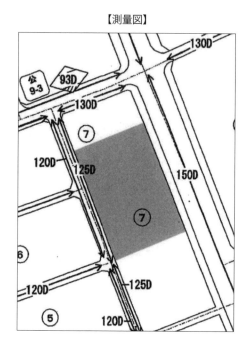

2 | 役所での調査

　まず法務局の調査に入ります。該当地は7番2，3，4，5，6，11，12，13，14，15の10筆です。まず，土地と建物の全部事項証明書と公図を取得します。その次に，当該地の地積測量図がないか確認します。今回は区画整理をした土地です。区画整理地については，通常は法務局に地積測量図はありません。しかし，区画整理後に分筆をしているとその図面は法務局にしかないので，必ず確認はします。今回はそのような場所はなく，地積測量図は存在しませんでした。その他は建物図面を取得して法務局は終わりです。

【公図】

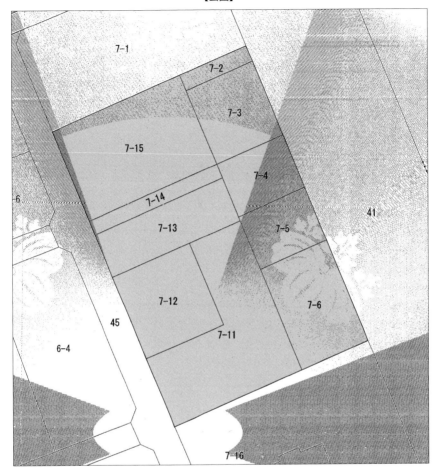

　法務局が終わったら，市役所に行きます。都市計画課で，用途地域が準住居地域，
建ぺい率60％，容積率200％，その他評価に関係するような規制はなし，と基本の
確認を必ずします。

　次に建築指導課に行きます。東側道路も西側道路も建築基準法42条１項１号道路
（区画整理地なので当然ですが，必ず確認する習慣が大切です）でした。また，当該
地内の建物の建築概要書もすべて取得します。今回のように区分が必要な場合には，
建築確認の敷地設定で区分するときもあるので，必ず取得をしましょう。

　さらに，区画整理の図面を保管している課にも行きます。場所や呼び名は各市町村
によって異なるのですが，今回は都市整備課で保管をされていました。ここで区画整

理時の換地図とその座標データを入手します。また，道路管理課で道路査定図も確認しますが，区画整理地のため詳細な道路査定図はなく，道路の正確な幅員も換地図で確認することになりました。

　最後に行くのが生涯学習課です。埋蔵文化財包蔵地の確認をしたところ，包蔵地内に該当していました。そこで必要となる調査が，その埋蔵文化財包蔵地内の詳細な発掘事例の確認と，当該包蔵地内の遺跡が存在する深さやその行政の発掘に対する考え方の確認です。これらの理由については後記します。

【換地図】

3 | 概ねの現地の図面の作成

　事務所に帰り，調査前の土地平面図を起こしていきます。今回は区画整理地で座標データもあることから，正確な図面となります。

【現地調査前平面図】

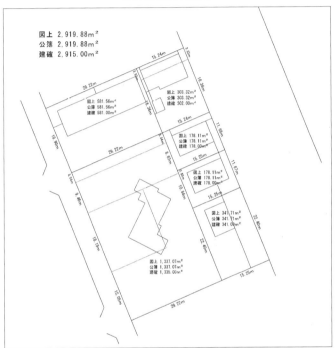

4 | 現 地 調 査

　それでは現地調査に行きましょう。今回のポイントは，各評価単位の区分の方法の確認，その他の減価要因の有無の確認，となります。

　まず，区分の仕方ですが，今回の土地だと，①現況の利用状況で区分する，②建築確認の敷地設定で区分する，③土地の筆で区分する，の3つの選択肢があります。相続する者が別々になる場合には筆での区分を優先すべきですが，今回はすべて同一の相続人が相続します。また，現地を確認したところ，一番南側のアパートの駐車場がずれて存在していたり，自宅の敷地として利用されている部分が変形したりしていた

ため，現況の利用状況で区分するのが適正と判断しました。

　また，その他の減価要因として，庭内神祠の存在が確認できました。

【区分後の全体平面図】

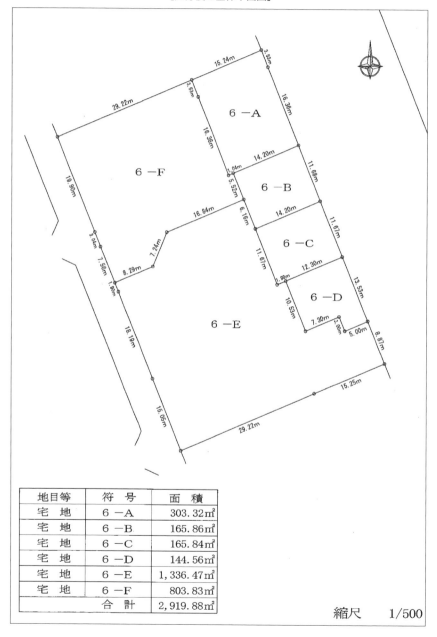

地目等	符　号	面　積
宅　地	6 －A	303.32㎡
宅　地	6 －B	165.86㎡
宅　地	6 －C	165.84㎡
宅　地	6 －D	144.56㎡
宅　地	6 －E	1,336.47㎡
宅　地	6 －F	803.83㎡
	合　計	2,919.88㎡

縮尺　　1/500

区分後は各土地を評価していく訳ですが，ここで埋蔵文化財包蔵地の評価方法について説明します。具体的な算出方法が定まっていないため，私の地元である神奈川県の発掘に対する考え方からの私見になります。

　まず，実際に包蔵地にある土地が売れた時に，どうなるかを考えていかなければなりません。

(1)　宅地分譲となる大きい土地の場合

　不動産業者が買う場合（地積規模の大きな宅地の評価が適用される土地），埋蔵文化財包蔵地の契約には，ほぼ確実に特約条項が入ります。その内容は，試掘の結果，本掘が必要となった場合には，その費用相当額を売主に負担してもらうというものです。

(2)　小さい土地の場合

　個人が買う土地の場合，(1)のような特約条項は入りません。なぜ入らないかというと2つ理由があり，1つは，個人住宅が建つ場合は，遺跡があったとしても影響を与えるほど深く掘らないので，本掘になることがほぼ考えられないこと，もう1つは本掘になったとしても，個人住宅の場合はその費用を市町村で補助してくれるケースが多いこと，となります。

　よって，売主の売価に影響があるのは大きい土地だけとなります（遺跡が非常に浅い位置にあり，本掘費用の補助がない市町村では小さい土地でも考慮すべきです）。
　次に発掘の流れを説明しましょう。
　埋蔵文化財包蔵地で建築や造成等の土をいじる行為をする場合，まず試掘が行われます。この費用は市町村の負担です。試掘の結果，遺跡が出なければ本掘にはなりません。遺跡が出た場合には，その上に築造する構造物が遺跡に影響を与えるかを確認します。遺跡を壊すような構造物でなければ本掘になりません。つまり，本掘になるケースは遺跡に影響があるときだけに限られます。また，市町村によって温度差もあり，厳しく積極的に本掘していく市町村と，ほとんど本掘しない市町村があります。そしてこの本掘費用は事業者の負担となります。
　つまり，宅地分譲となる土地でも，本掘になる場合とならない場合があるので，大きい土地ならばすべて発掘費用を控除できる訳ではありません。そこで役所調査時に

触れた，実際の本掘事例の確認が必要となります。

　今回の埋蔵文化財包蔵地の本掘事例が次の地図です。

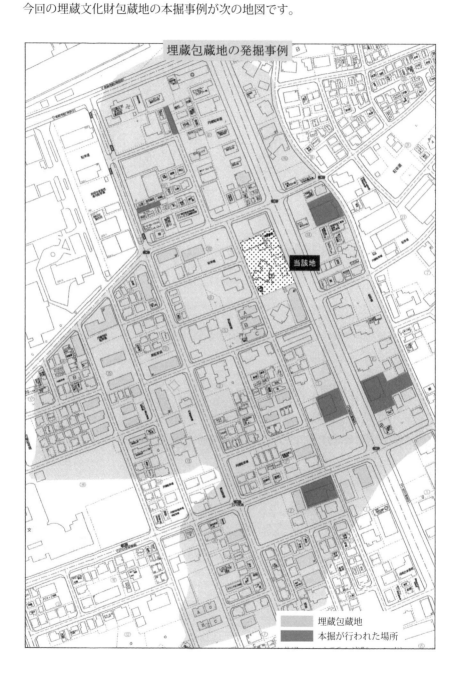

埋蔵包蔵地の発掘事例

当該地

埋蔵包蔵地
本掘が行われた場所

実際の発掘があった場所を確認すると，大きく塗られた４か所はマンション等の建築場所で，基礎を深く掘るために本掘となっています。注目は北側の細長い２か所です。ここは宅地分譲地で新たに開発道路を設けた場所の道路部分です。

　開発道路を築造するときには道路下部が遺跡に影響を与えることが多く，この２か所も道路部分だけ本掘をしています。ただし同じ包蔵地内の開発道路でも，遺跡が深いところにあり影響が出ないため，本掘をしていない場所もあります。

　これらを調査した上で，当該地が不動産業者に売却した場合に本掘が必要となる可能性がどのくらいあるかを判断していく訳です。これらの内容は生涯学習課で，こういう場合はどうなりますかと細かく確認するとその市町村での扱いを教えてくれます。

　ということで，今回は発掘の可能性が高いと判断し，発掘費用を控除することとしました。

　それでは発掘費用はいくらとすべきでしょうか？　実は発掘は掘ってみないと実際にいくらになるかわかりません。ですが，価額を出さなくてはいけないので，私はこうしています。

　まず，生涯学習課でいくらぐらいの㎡単価で発掘が行われているか確認をします。「掘ってみなくてはわからない」と必ず言われますが，目安でよいので教えてくださいと粘って聞き出します。そして宅地造成の開発図面を作成し（広大地評価の時に作成していた宅地分譲の開発想定図です），その開発道路部分の地積にその単価を乗じた金額を発掘費用としています。つまり，開発道路が必要とならない宅地分譲地には適用できない（広大地の概念！）ことになります。

　実際に作成した開発図面が次のものです。

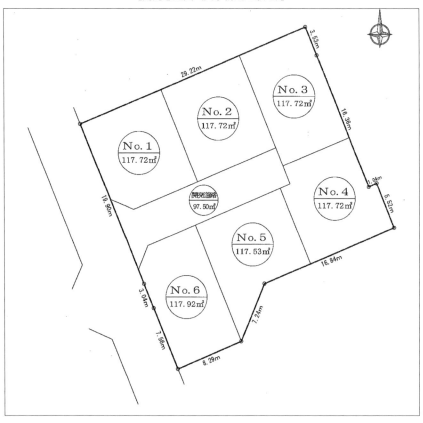

5 評価額の算出

　発掘費用は，単価が概ね50,000円／㎡と確認できたので，97.50㎡×50,000円＝4,875,000円となりました。

　結果，貸事務所の敷地の評価額は，次のとおりとなります。

> {125,000円×0.97（奥行価格補正）×0.99（不整形地補正）
>
> ×0.78（地積規模の大きな宅地）×803.83㎡－4,875,000円（発掘費用）
>
> ×80%｝ ×（1－0.6×0.3）＝58,516,015円

【平面図】

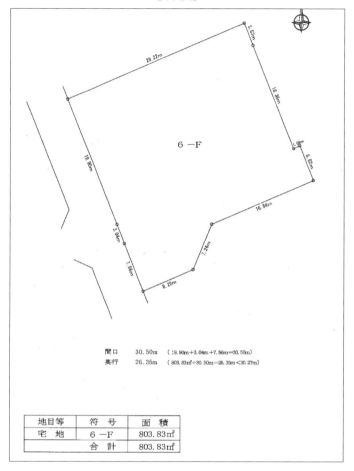

6 —F

間口 30.50m （19.90m＋3.04m＋7.56m＝30.50m）
奥行 26.35m （803.83㎡÷30.50m＝26.35m＜30.27m）

地目等	符　号	面　積
宅　地	6 —F	803.83㎡
	合　計	803.83㎡

【陰地割合図】

地積　803.83㎡

30.27m
29.22m
3.53m
16.36m
30.50m
1.04m
6.52m
19.90m
16.84m
3.04m
7.56m
7.24m
8.29m

想定整形地地積　　　923.23㎡　（30.27m×30.50m）
陰地割合　　　　　　12.93%　（923.23㎡−803.83㎡）÷923.23㎡

　また，自宅の敷地でも同様に，166.08㎡×50,000円×80％＝6,643,200円を控除しています。結果として，両方の土地で約980万円の減額となり，税率が45％の納税者だったので約440万円の相続税の差が出ました。

　傾向として，本掘費用が数年前よりかなり上昇しているため，適用するとしないとで大きく差が出るように感じています。

　また，筆者は経験がないのですが，マンション適地の埋蔵文化財包蔵地の場合，マンションを建てることを前提に土地は売却される訳で，周りの本掘事例にもよります

が，ほぼ適用になる可能性は高い（埋蔵文化財包蔵地であることが路線価に反映されていないか確認は必要）のではないでしょうか。

　このように，埋蔵文化財包蔵地の評価では，実際にどのように売却されるか？　発掘した場合はどうなるか？　その市町村ではどのように対応しているか？　などを細かく調べ価額に影響が出るか出ないかを判断してから発掘費用を控除することになります。また，税務署の担当も知らない人が多い（更正の請求の際に逐一聞かれた経験があります）ので添付書面に丁寧な説明が必要になります。内容的には一般的な税理士が行う範疇を超えていると思われますので，専門家に依頼した方がよいかも知れません。

REPORT 14 セットバックを必要とする宅地

1 中心後退と一方後退

　セットバックとは，幅員が４ｍに満たない道路で建築基準法42条２項道路の指定を受けている道に接している土地は，建築時にその道の幅員が４ｍになるように後退しなければならない規定です。通常は道路の中心から双方に２ｍの位置まで後退し，最終的に４ｍの幅員の道路とします。これを中心後退といいますが，相手側が線路，河川，崖等により後退することができない場合には，道路の反対側から４ｍの位置まで後退します。これを一方後退といいます。ここまでは読者の皆さんも知識としてお持ちかと思いますが，これを現地の道路の幅員を測るだけで判断すると，大きなミスとなるときがあります。

【中心後退と一方後退の図】

　中心後退の場合，現地の道路が両方とも後退していなければ，その中心から２ｍ後退すればOKです（正確には道路査定図を入手して作業をします）。

　では，既に反対側が後退している時はどうなるでしょうか？　ここで簡単に反対側から４ｍ（双方に２ｍ下がったことになる）の位置に後退すればよいと思うのは早計です。その理由は，道路を広げるために後退するのは，セットバックだけではないからです。開発許可によって後退していることもありますし，自主後退していることもあります。反対側がそれらの理由によりセットバック以上に後退していた場合，反対側から４ｍの位置をセットバックの位置とすると，正しい後退の位置に足りなくなります。

実際にあった事例で説明しましょう。

【住宅地図】

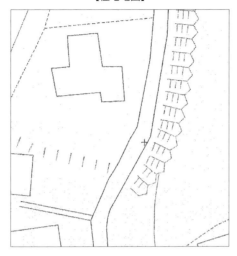

【写真①】

　【写真①】を見ると，右側が擁壁となっているため，右側からの一方後退に見えます。しかし，右側の擁壁の下部からその幅員を測ると約4.5mあり，後退する必要はないように見えました（２項道路は路線ごとに指定されている時もあり，どこか１か所が４mに満たないと，４mあるところも含めて２項道路になっている場合があります。その時は当然後退しません）。

ところがです。入手した道路査定図を確認すると，道路の幅員は約2.5mです。

そこで，道路査定図の道路の位置がどこになるか現地を測量し確認したところ，写真の道路の左側であることがわかりました。

それでは右側部分は道路ではないのでしょうか？

ヒントは道路査定図にありました。道路査定図では，右側が擁壁ではなく自然の崖となっています。つまりこの擁壁は道路査定図を作成した後に造られたものであり，擁壁築造時に何らかの理由で下がったことが想定できました。そこで擁壁を造った神奈川県に確認したところ，当該擁壁の基礎となる底盤を造るためにそのスペースが必要で，工事後にそのスペースを元の道と一体で使用できるよう，そこにアスファルト舗装をしたとのことでした。

【道路査定図】

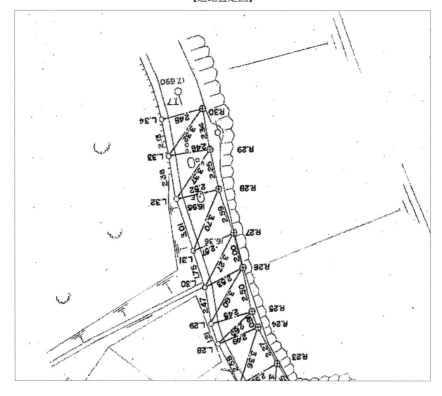

そうすると，セットバックはどう考えるべきでしょうか。元道から中心後退？　元道の反対側は崖だったから反対側から一方後退？　既に4.5mの道路状となっているので後退する必要なし？

この答えは自分では出せません。建築指導課に改めて行き具体的に場所を伝え，どう後退するか指導を受けなくてはなりません。

確認したところ，元道から中心後退にしているとのことでした。結果，現況の道路位置から約75センチ後退が必要となりました。道路査定図を取得せず現地だけで判断するとセットバックが必要にない土地に見え，現地調査と役所調査が大切なことが改めてわかりました。

2 セットバック後の角部分の隅切り

次に42条2項道路が他の道路に接する交差点部分の処理について説明しましょう。

セットバックを道路の中心から2mの後退だけにすると，後退した後の角部分は鋭角で残されてしまいます。つまりセットバック後であっても車両が曲がるときは非常に曲がりづらい交差点となります。開発によってできる42条1項2号道路や，位置指定道路である42条1項5号道路の場合，角部分には必ず隅切りを設けなくてはならず，その辺長は3mの場合が多いです。果たしてセットバック後の角部分には隅切

りは必要ないのでしょうか？

　実は建築基準法では，セットバックとともに角部分に隅切りを設ける規定はありません。しかし実務では，セットバック時に隅切り部分の提供のお願いをしてくる市町村と，お願いをしてこない市町村があります。また，お願いをしてくる市町村でも強制力はなく，拒否されることもあるそうです。

　それでは評価のときはどうしたらよいでしょうか？　ここからは私見になりますが，私はお願いをしてこない市町村の場合には隅切りは設けず，お願いをしてくる市町村では隅切りを設けてセットバックをさせています。隅切りの大きさも各市町村によってさまざまで，そのお願いに合わせて辺長を決めています。こう判断している根拠として，市町村が明確に要請していることを税務署が否認するのはおかしいと考えるからです。添付書面にセットバックに隅切りを設けた理由を記載して提出します。当然ですが今まで否認をされたことはありません。

【平面図①（隅切りなしのセットバック）】

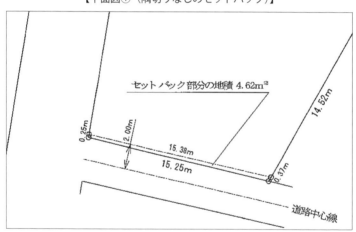

【平面図②（隅切りありのセットバック）】

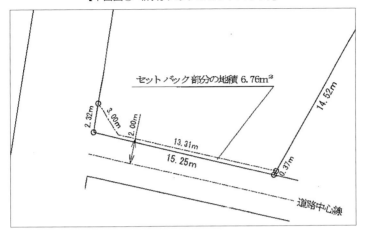

セットバック部分の地積 6.76m²

2.32m

3.00m

2.00m

14.52m

13.31m

15.25m

0.37m

道路中心線

REPORT 15　不整形地補正

1　不整形地補正の計算方法

　不整形地補正の計算の仕方はいくつか方法がありますが，「区分する方法」や，「近似整形地を基にする方法」は使用しづらく，実務で使用しやすいのは「計算上の奥行距離を算出して評価する方法」でしょう。筆者もほとんどをその方法で行っているのですが，旗竿地や無道路地の場合には注意が必要です。

　旗竿地や無道路地の場合，「近似整形地と隣接する整形地とを合わせた後の全体の整形地を基として評価する方法」の方が，評価額が下がる場合があるからです。

　実際の計算を見てみましょう。

【平面図】

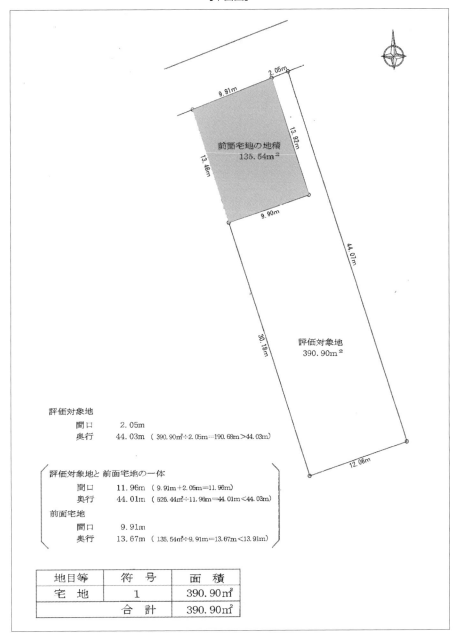

評価対象地
　　間口　　　2.05m
　　奥行　　44.03m　（ 390.90㎡÷2.05m＝190.68m＞44.03m）

評価対象地と前面宅地の一体
　　間口　　11.96m　（ 9.91m＋2.05m＝11.96m）
　　奥行　　44.01m　（ 526.44㎡÷11.96m＝44.01m＜44.03m）
前面宅地
　　間口　　　9.91m
　　奥行　　13.67m　（ 135.54㎡÷9.91m＝13.67m＜13.91m）

地目等	符　号	面　　積
宅　　地	1	390.90㎡
	合　　計	390.90㎡

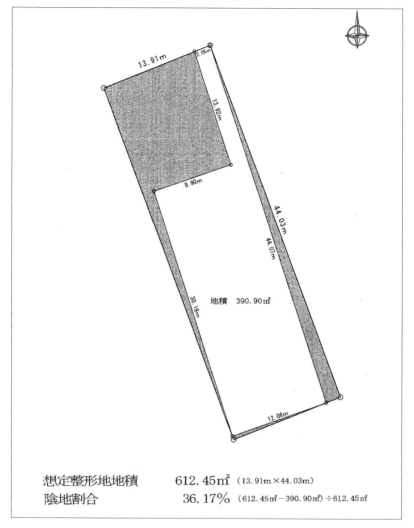

【陰地割合図】

想定整形地地積 　　612.45㎡（13.91m×44.03m）
陰地割合 　　　　36.17%（612.45㎡－390.90㎡）÷612.45㎡

　　まず、「計算上の奥行距離を算出して評価する方法」の場合の評価額は、下記のようになりました。

{250,000円（路線価）×0.90（奥行価格補正）
×0.79（不整形地補正）×390.90㎡}＝69,482,475円

　　そして、「近似整形地と隣接する整形地とを合わせた後の全体の整形地を基として評価する方法」の場合の評価額は、下記のようになりました。

　差額は約267万円でとても大きな差になることがわかります。

　計算が手間で，ソフトの評価明細の入力が難しくなるなど大変ですが，同じ土地でこれだけ差が出ますので，労を惜しまず評価したいところです。

2 公図で計算する場合の注意点

　一般的な税理士が不整形地補正の計算をする場合，測量図がないと公図上に想定整形地を書き，陰地割合を算出することが多いかと思います。この場合，公図が500分の1の縮尺のときは問題ないのですが，600分の1の縮尺のときには注意が必要です。なぜならば，公図上の面積（600分の1のスケールで測って計算）と，実際の登記簿記載の地積は一致せず，公図上の面積の方が小さいことがほとんどだからです。また，公図上の地形も実際の地形と異なっていることが多く，とても正確とはいえません（公図をスキャナーで読み取って陰地割合を算出するのも見た目は良くなりますが同様だと思います）。

　よって，600分の1の公図上で陰地割合を計算するとどうしても陰地割合が小さくなり，結果，評価額が高くなってしまいます。

　実際にあった土地の例を紹介します。

【公図上の計算】

想定整形地　29.1m×33.9m＝986.49㎡
陰地割合　（986.49㎡－857.16㎡）÷986.49㎡
　　　　　＝13.11％

【CADで作図した陰地割合図】

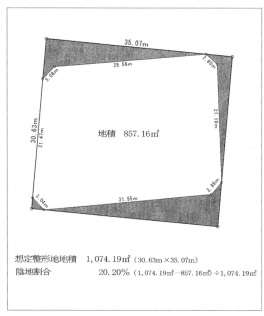

想定整形地地積　1,074.19㎡（30.63m×35.07m）
陰地割合　　　　20.20％（1,074.19㎡－857.16㎡）÷1,074.19㎡

公図上の計算だと陰地割合は13.11％ですが，実際に現地を測り，道路査定図に基づいて作成した図面から陰地割合を算出すると20.20％となります。この事例では地積区分が750㎡以上のため，不整形地補正率は0.01しか変わりませんが，500㎡未満の土地で同様のことが起きると不整形地補正率は0.04も変わってしまいます。この論点は紙面上では伝えづらい（実際の公図にスケールを当てて地積を測らなければわからないため）のですが，多くの先生が困った経験があるのではないでしょうか。できれば評価用の図面を作成して評価をしたいところです。

REPORT 16 | 都市計画道路予定地の区域内にある宅地

　最後に，役所調査をおろそかにすると大きな損害を納税者に与えてしまうことがわかる恐ろしい事例を紹介したいと思います。

　内容的には，REPORT 2 で取り上げた都市計画道路予定地の区域内にある宅地の評価ですが，その難しいバージョンとなります。

1 案件の概要

　この案件は，8年前に更正の請求をしたものです。私は更正の請求を積極的に行っているわけではないのですが，仕事柄どうしても確認してほしいと依頼を受ける時があります。そのような場合には，やはり納税者を第一に考えますので，あまりにも評価が高すぎるときには，是正をしています。

　それでは，住宅地図と路線価図を確認してください。

【住宅地図】

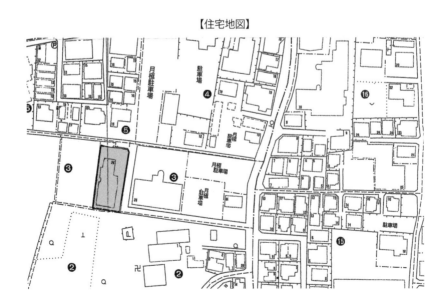

【路線価図】

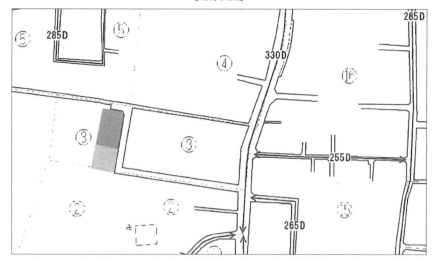

　当該地は行き止まり道路の奥にある土地で，貸工場が建っている土地でした。行き止まり道路には路線価の設定がなく，特定路線価255,000円が設定されていました。

　また，貸工場は１社で使用していたのですが，契約が北側の個人契約部分と南側の法人契約部分に分かれていたため，評価単位としては２区分となります。なお，更正時には既に賃借関係は終わり，売却済み（宅地分譲）になっていました。

---

２ 役所調査

　それではまず，法務局の調査に行きます。しかし，既に相続時から測量，分筆が終わっているので相続当時のものは入手できません。そこで，公図と土地謄本は旧申告時のものを使用しました。また，売却のために確定測量も済んでいるので，全体の確定測量図も相続人から入手できました。よって，法務局では区分の位置を再確認するため，旧建物謄本とその建物図面の入手をして終わります。

【旧公図（評価対象地は142番19，22，24，26，30，31の6筆）】

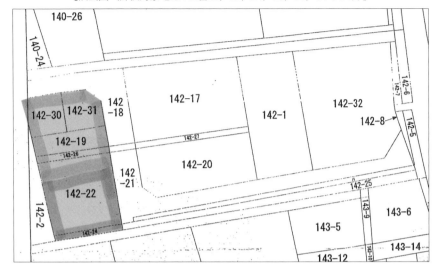

次に役所に行きます。

　道路課で道路査定図を入手し，建築指導課で道路の扱いや建築概要書（今回は建物が古く記録なし）を確認し，文化財課で埋蔵包蔵地の確認をし，都市計画課で用途地域の確認，都市計画の有無を確認していきます。

【都市計画図①】

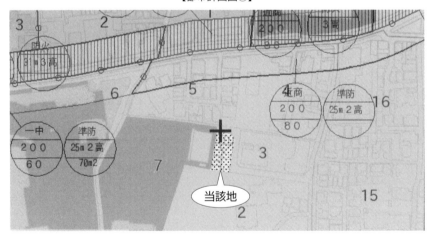

さて，この都市計画課ですが，普通の役所の場合，都市計画図は上記の１種類のみ
で，それに用途地域別が色分けされており，建ぺい率，容積率が記載され，都市計画
の有無もその地図に記載されています。つまり，その１枚の地図の確認で済みます。
今回は建ぺい率60％，容積率200％，都市計画はないことが確認できました。
　ところが，この役所にはもう１種類の都市計画図が存在していました。その地図は
都市計画施設等となっており，当該地の所在する地域も網掛けとなっていました。

【都市計画図②】

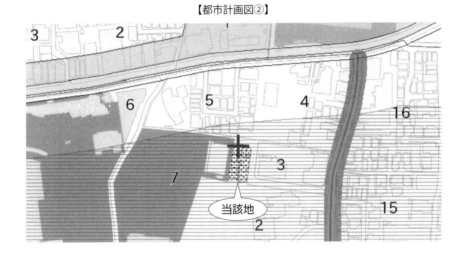

　この網掛け部分を確認したところ，「土地区画整理事業を施工すべき区域」という
区域の指定を受けていました。都市計画課の担当者に詳細を聞くと，次の説明書類が
もらえました。

土地区画整理事業を施行すべき区域 （計画決定）

告 示 日：昭和４４年５月８日
告示番号：建設省告示第１８０４号

　「土地区画整理事業を施行すべき区域」とは、旧都市計画法で決定された都市計画の
ひとつで、現行の都市計画法第１２条第１項第1号の「土地区画整理事業」に引き継が
れています。

　土地区画整理事業は、道路、公園、上下水道等の公共施設が未整備な地域において、
土地所有者等が少しずつ土地を出し合い（これを一般に「減歩」と言います。）、公共施
設を整備するとともに、交換分合により個々の宅地割を整頓し、土地利用の増進を図る
ための事業です。

　██████には、████北部、████南部、████████付近の３つの区域があります。

　この区域内で建築物を建築する場合は、都市計画道路等の取り扱いと同様に、<u>都市計
画法第５３条の許可が必要</u>で、許可基準は同法第５４条のとおりです。

　ただし、許可基準を満たさない堅牢な建築物についても、将来事業化で、整備が見込
まれる道路の位置を示した「市街化予想図」と照合して支障がないと認められる場合に
は、事業施行の際には協力していただく事を条件として制限を緩和しています。

都市計画法第５４条の許可基準	次に掲げる要件に該当し、かつ容易に移転又は除却することができる建築物 １．階数が２以下で、かつ、地階を有しないこと。 ２．主要構造部が、木造、鉄骨造、コンクリートブロック造その他これらに類する構造であること。

内容を確認すると，都市計画法53条の許可が必要で，その基準には都市計画法54条の許可基準が書かれていました。

　財産評価基本通達24－7の「都市計画道路予定地の区域内にある宅地の評価」では，「都市計画道路予定地の区域内となる部分を有する宅地の価額は，その宅地のうちの都市計画道路予定地の区域内となる部分が都市計画道路予定地の区域内となる部分でないものとした場合の価額に，次表の地区区分，容積率，地積割合の別に応じて定める補正率を乗じて計算した価額によって評価する」と規定されています。一見すると都市計画道路予定地だけの規定のようですが，その本質（減価される理由）は，都市計画法54条の規制が入り，建築できる建物に制約が入るからです。つまり，階数は2階以下，地階は不可，主要構造部は木造，鉄骨造，コンクリートブロック造等で，鉄筋コンクリート造の堅牢な建物の建築ができないからということになります。

　よく，この規定を都市計画道路予定地で将来収用される可能性があるから減価されると理解し，その都市計画の実施予定がなくなったものについては適用できないと考える方がいますが，それは誤りです。この規定は建築制限がかかる減価であり，都市計画の実施予定がなくなっても都市計画上に残っていれば建築制限はかかるので減価しなくてはなりません。そういう理由ですから，実は都市計画道路だけでなく，都市計画公園，都市計画河川など，都市計画法54条の規制が入るところはすべて適用です。

　つまり，この「土地区画整理事業を施行すべき区域」の土地も，都市計画法54条の規制がかかるのですから，当然，財産評価基本通達24－7を適用すべき土地となります。

　さらに説明書類を読むと，「ただし，許可基準を満たさない堅牢な建築物についても，将来事業化で，整備が見込まれる道路の位置を示した「市街化予想図」と照合して支障がないと認められる場合には，事業施行の際には協力していただく事を条件として制限を緩和しています」と記載されているため，区域内すべての土地が規制の対象ではなく，「市街化予想図」において該当する部分だけが対象となることがわかります。

　そこで，都市計画課で市街化予想図を求めたところ，市街化予想図は役所の都市計画課で保管しておらず，支所の街づくり課で確認してほしいと言われました。そこで支所に行き，当該地があるところの市街化予想図を入手したところ，将来的に区画整理で道路となる部分に該当していることがわかりました。

【市街化予想図】

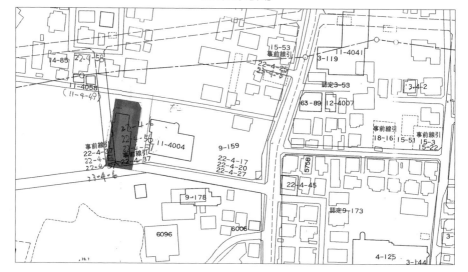

　つまり，当該地は都市計画道路には該当していませんが，財産評価基本通達24－
7の適用をすべき土地であることが判明したのです。

---

③　現 地 調 査

　役所調査を終わらせ，現地調査前の平面図を作成し現地調査に行きました。といっ
ても現地は既に相続時の状況ではありませんので，相続時と変わっていないところの
確認です。今回の現地調査のポイントは，以下の2点となります。

　①　南側の隣接地がお寺であるため，お墓の影響が当該地にないか

　②　道路査定図，確定測量図と現地に相違がないか（特に道路幅）

　現地を見たところ，当該地からもお墓が見える位置にあり，利用価値の著しく低下
している宅地として10％の控除も適用すべきと判断できました。

　また，道路査定図はありますが道路幅も必ず現地を当たります。なぜなら，その幅
員により基準容積率が変わるからです。道路幅は6mあり，基準容積率は240％とな
りました。よってこの土地の容積率は低い方の指定容積率200％を適用することにな
ります。

　さて，財産評価基本通達27－4を適用させる実際の作業ですが，評価単位が2区
分で，南側は確実に予定道路にかかっていますが，市街化予想図だけでは北側がかか

るかわかりません。また，南側にしても30％を超えるかがわかりません。

　都市計画道路予定地もそうですが，正しい位置を出すには，正確な平面図を作成し，それを役所に提出して線引きをしてもらう必要があります。今回の土地は売却前の現況測量図がありますので，それを役所に持っていき位置を出してもらいました。

【役所の線引き図（但し書きが手書きでした）】

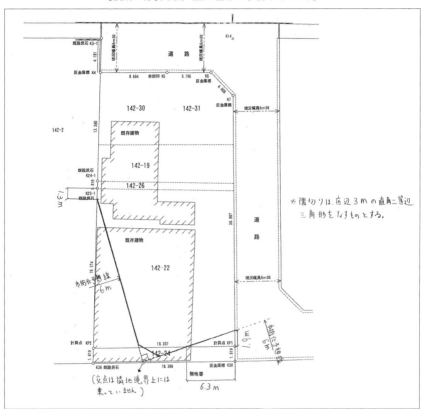

4 図面の作成

　役所に線引きをしてもらったら，それを評価用の平面図に落としていき，CADで正しい求積をします。結果，北側の土地は1.42㎡が該当し，南側の土地は91.10㎡が該当していました。南側の土地に占める割合は29.81％で，残念ですが30％に届きませんでした。

【土地平面図】

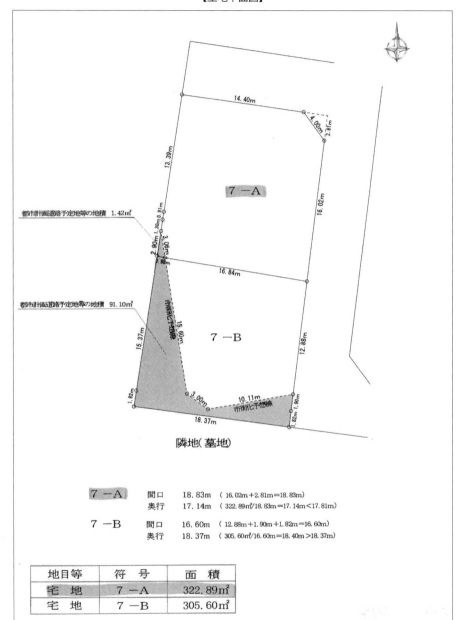

地目等	符　号	面　積
宅　地	7－A	322.89㎡
宅　地	7－B	305.60㎡

7－A　　間口　18.83m　（16.02m＋2.81m＝18.83m）
　　　　奥行　17.14m　（322.89㎡/18.83m＝17.14m＜17.81m）

7－B　　間口　16.60m　（12.88m＋1.90m＋1.82m＝16.60m）
　　　　奥行　18.37m　（305.60㎡/16.60m＝18.40m＞18.37m）

5 評価額の算出

評価額は下記となりました。

① 北側（7－A）

> ｛255,000円×322.89㎡｝×0.97（都市計画道路予定地）×（1－0.6×0.3）
> ＝65,490,809円

「都市計画道路予定地の区域内にある宅地の評価」を適用していない当初申告の評価額は67,516,299円で，2,025,490円の評価減です。

② 南側（7－B）

> ｛255,000円×305.60㎡｝×0.97（都市計画道路予定地）
> ×（1－10%）（墓地隣接）×（1－0.6×0.3）＝55,785,538円

「都市計画道路予定地の区域内にある宅地の評価」と「利用価値の著しく低下している宅地（墓地隣接）の評価」を適用していない当初申告の評価額は63,900,960円で，8,115,422円の評価減です。

　この申告は税率が40％に達していたので，この土地だけで約400万円の税差額が生じていました。

　さて，恐ろしいのはこれからです。この被相続人はかなりの大地主でした。上記では1か所の土地だけについて具体的に評価方法を説明しましたが，この周りにも複数の土地を所有していました。190頁の住宅地図上の当該地より東側の約4分の1がこの地主の土地でした。当然ですが，他の土地も「土地区画整理事業を施行すべき区域内」にあり，「市街化予想図」で道路となる部分に該当している土地がありました。

　評価数で16か所，所有地の3分の2が該当していました。これらすべての土地について平面図を作成し（当該地以外は確定測量図がなかったので，私が現地測量して作成です）道路幅員を確認し，役所の街づくり課に線引きをしてもらい，評価を是正しました。この「都市計画道路予定地の区域内にある宅地の評価」の適用漏れだけで評価差額の合計が約4,500万円となり，約1,800万円の過剰納税となっていたのです。

　今回のケースは，通常の都市計画道路予定地とは異なりますので，かなり厳密に調査しないと判明しないと思います。実際に，この時に役所の街づくり課で，評価のた

めに線引きするのは初めてだと言われましたので，ほとんどの税理士が「土地区画整理事業を施行すべき区域」に気付いていないのではないでしょうか。最近は便利になっており，都市計画をインターネットだけで確認する人も多いかと思いますが，おそらくその方法ではわからないでしょう。ですから，土地を評価する際の調査は労を惜しまず必ず担当窓口で直接確認を取るようにしてください。

おわりに

いかがでしたか。土地の評価は奥が深く，落とし穴がたくさんあることがわかったと思います。また，評価通達の適用漏れによる評価額の差により，納税額にも大きな差が出ることが分かってもらえたでしょうか。

当然ですが，評価が難しくない土地というのも多数あり，筆者が図面まで作成して丁寧に評価しても，簡易に公図で評価しても評価額が変わらない土地もあります。しかし，簡易に評価することを通常としてしまうと，筆者が本書で紹介したような評価は，ほとんど適用漏れの評価になってしまうと思います。そしてそれは，納税者に高すぎる相続税を負担させることに繋がります。

そして一番怖いのは，税理士がそのことに気づいていないことです。おそらく最後に取り上げたリポートの当初申告をした税理士の先生も気づいていなかったでしょう。気づいていないので自分は正しいと思っていますが，実は適正な評価にはなっていないのです。

相続税の申告において，納税者が依頼した税理士と他の税理士との土地の評価額を比べることは，更正の請求をしない限りありません。つまり，納税者は依頼する税理士を信じるしかないのです。ですから依頼される側は，過剰納税にならないように丁寧に役所と現地の調査をし，適用漏れがないように評価をしなくてはなりません。

昨今では，都市計画や建築基準法の道路の扱いなどをインターネットでも簡単に調べることができますが，筆者は必ず直接役所へ出向いて口頭でも確認するようにしています。以前，建築基準法42条２項道路でもなく，都市計画道路でもないのに６mに拡幅することを条例で定めているところがありました。こんな内容は窓口で確認しないと判明しません。現地の確認も同様です。労を惜しまずひとつひとつ確認して，道路として提供されていないか，高低差はないかと測っていくことが適正な評価に繋

がっていきます。筆者の感覚では，丁寧に調査を進めたり図面を起こしたりすることで，全体的には評価額に5％くらいは差が出ると感じています。

　最後に，本書を読んだ税理士の先生方には，ぜひとも土地の評価の大切さを再認識し，適用漏れのない評価をしてほしいと思います。土地の評価は自分で行わなければならないと考える責任感の強い税理士もいますが，その強い責任感が気付かないうちに過剰納税に繋がっているかもしれません。土地の評価に自信が持てないようでしたら，周囲の得意な税理士に依頼をするのもよいと思います。筆者自身も，多くの税理士から依頼を受けています。また，ときどき聞くのですが，過剰納税になっていても納税者には分からないなどと思わないでください。その過剰納税によって苦しんでいる納税者を筆者は何人も知っています。筆者の願いは，全ての相続税申告が適正な土地の評価額に基づき行われることです。本書をもって適正な申告の実現に少しでも寄与できれば嬉しい限りです。

【著者略歴】

下坂　泰弘（しもさか　やすひろ）

税理士・一級建築士・宅地建物取引主任者・AFP。

　約20年間のハウスメーカーの営業で，数多くの土地有効活用，複数の開発分譲地を手掛ける。その仕事で知り合った相続専門の税理士（いずれ恩師となる先生）から，土地の評価は減価要因の適用漏れが多く，「納税者が多すぎる相続税を納めていること」，「減価要因を見極めるには，不動産や建築の知識が不可欠で，多くの税理士が苦手としていること」を教わり，土地の評価に興味を持つ。その後，上記税理士の下で土地評価，相続税申告の実務を学び，平成23年3月に税理士登録し，土地評価に特化した相続専門の事務所を開業する。

著者との契約により検印省略

令和2年11月20日　初 版 発 行

土地評価現地リポート
減価要因発見！

著　者	下	坂		泰		弘
発 行 者	大	坪		克		行
印 刷 所	株 式 会 社 技 秀 堂
製 本 所	牧 製 本 印 刷 株 式 会 社

発 行 所	東 京 都 新 宿 区 下落合2丁目5番13号	株式 会社	税 務 経 理 協 会

郵便番号 161-0033　振替　00190-2-187408　電話(03)3953-3301（編集代表）
　　　　　　　　　 FAX (03)3565-3391　　(03)3953-3325（営業代表）
乱丁・落丁の場合はお取替えいたします。
URL http://www.zeikei.co.jp/

ISBN978-4-419-06712-0　C3034